校企合作城市轨道交通专业精品教材

城市轨道交通机电设备运用

主审　魏　功

主编　齐　伟　丁　尚

教·学
资　源

上海交通大學出版社
SHANGHAI JIAO TONG UNIVERSITY PRESS

内容提要

本书根据城市轨道交通运营的实际情况，按照城市轨道交通站务员与城市轨道交通行车值班员岗位工作的需要，围绕城市轨道交通系统中主要机电设备的运用组织内容。全书共七个项目，分别为自动售检票系统，电梯、自动扶梯和轮椅升降机，站台屏蔽门，乘客信息系统、客运服务标志和广播系统，给排水系统和消防系统，低压配电系统和照明系统，车站暖通空调系统、环控系统及其他系统。

本书体例新颖，内容紧密结合实际，具有很强的应用性和操作性，可以作为高等职业院校城市轨道交通运营管理专业及其他相关专业学生的教材。

图书在版编目（CIP）数据

城市轨道交通机电设备运用 / 齐伟，丁尚主编. --上海 ：上海交通大学出版社，2024.4（2025.6 重印）
ISBN 978-7-313-30285-4

Ⅰ. ①城… Ⅱ. ①齐… ②丁… Ⅲ. ①城市铁路－轨道交通－机电设备－设备管理－高等职业教育－教材 Ⅳ. ①U239.5

中国国家版本馆 CIP 数据核字(2024)第 049534 号

城市轨道交通机电设备运用

CHENGSHI GUIDAO JIAOTONG JIDIAN SHEBEI YUNYONG

主　　编：齐　伟　丁　尚

出版发行：上海交通大学出版社　　地　　址：上海市番禺路 951 号

邮政编码：200030　　电　　话：021-64071208

印　　制：三河市祥达印刷包装有限公司　　经　　销：全国新华书店

开　　本：787 mm×1092 mm　1/16　　印　　张：14.25

字　　数：329 千字

版　　次：2024 年 4 月第 1 版　　印　　次：2025 年 6 月第 2 次印刷

书　　号：ISBN 978-7-313-30285-4

定　　价：48.00 元

前言

PREFACE

随着经济的发展和城市化进程的不断加快，我国城市轨道交通行业发展迅速。由于城市轨道交通具有安全、便捷、高效、绿色、经济等优点，因此越来越受到人们青睐。

在庞大的城市轨道交通系统中，种类繁多、结构复杂的机电设备发挥着重要作用。城市轨道交通服务人员应当掌握城市轨道交通机电设备的运用，从而保障城市轨道交通系统的正常运行，为乘客提供安全、舒适的乘车环境。为了使学生掌握城市轨道交通机电设备相关知识与技能，培养高素质城市轨道交通人才，编者精心编写了《城市轨道交通机电设备运用》这本书。

本书特色

1．素质教育，立德树人

党的二十大报告指出：“育人的根本在于立德。”本书积极贯彻党的二十大精神，践行“立德树人，德技并修”理念，在每个项目首页设置了“素质目标”，明确提出素质要求，并在正文中设置了“科技创新”“素养提升馆”等模块，通过介绍城市轨道交通行业的前沿科技、优秀人物事迹、法律法规知识等，引导学生树立正确的世界观、人生观和价值观，进而成为德智体美劳全面发展的社会主义建设者和接班人。

2．校企合作，职业引领

为突出本书的应用性和操作性，编者在编写本书时，实地走访了几家城市轨道交通运营企业，向一些长期工作在一线的从业人员咨询了自动售检票系统、乘客信息系统、给排水系统、车站暖通空调系统和环控系统中机电设备的实际运用情况与常见问题的处理办法，并将这些内容以通俗易懂的语言融入本书。书中的部分案例和图片也由编者走访的这几家城市轨道交通运营企业提供。

此外，由于本书主要对接城市轨道交通站务员与城市轨道交通行车值班员岗位，因此编者在编写本书时，参考了《城市轨道交通服务员国家职业技能等级标准》，融入了相关岗位的职业技能要求。

3．活页理念，任务驱动

为深入贯彻“以学生为中心”的理念，加强理论与实践的结合，降低学生学习理论知识的难度，培养学生的职业能力，编者按照“项目引领、任务驱动”的思路进行教材的开发设计，并将活页式理念融入本书中。

本书每个项目由多个任务组成，每个任务按照“任务引入→任务工单→相关知识”的顺序编排。其中，“任务引入”部分以实际应用为切入点，通过介绍案例引出本任务将要介绍的重要知识；“任务工单”部分以实际工作需要进行设置，学生可以根据任务工单进行课前预习、课堂学习和课后查漏补缺；“相关知识”部分以“必须、够用”为原则讲解重要的理论知识，并且穿插“指点迷津”“知识拓展”“课堂活动”等模块。此外，每个项目后还设有“学习成果评价”，帮助学生检验学习成果。

4.“岗课赛证”融通，实现综合育人

为提高学生的动手能力和岗位实战能力，实现“岗课赛证”综合育人目标，编者在编写本书时，除参考了《城市轨道交通服务员国家职业技能等级标准》外，还参考了《城市轨道交通站务职业技能等级标准》，以及“友道杯”交通运输行业城市轨道交通学生组技能竞赛、“捷安杯”城市轨道交通行车调度员职业技能大赛等的有关内容，将城市轨道交通站务职业技能等级证书的培训内容、考核内容和相关竞赛题融入本书中，对学生考取证书、参加职业技能大赛具有一定的帮助。

5. 平台支撑，资源丰富

本书提供了丰富的数字资源，读者既可以借助手机或其他移动设备扫描书中的二维码观看微课视频，也可以登录文旌综合教育平台“文旌课堂”查看和下载本书配套资源，如优质课件、任务工单答案等。读者在使用本书的过程中有任何疑问，都可以登录该平台寻求帮助。

此外，本书还提供了在线题库，支持“教学作业，一键发布”，教师只需通过微信或“文旌课堂”App 扫描扉页二维码，即可迅速选题、一键发布、智能批改，并查看学生的作业分析报告，从而提高教学效率、提升教学体验。学生可在线完成作业，巩固所学知识，提高学习效率。

本书由魏功担任主审，齐伟、丁尚担任主编，闫洪林、何红丽、牛军燕、李恒担任副主编，陈铮琦、王莉参与编写。由于编者水平有限，书中可能存在疏漏与不妥之处，诚请广大读者批评指正。

特别说明：

（1）编者在编写本书的过程中，参考了大量资料并引用了部分文字和图片。大部分引用的资料已获授权，但由于部分资料来自网络，我们未能确认出处，也暂时无法联系到原作者。对此，我们深表歉意，并欢迎原作者随时与我们联系，我们将按规定支付酬劳。

（2）本书没有注明资料来源的案例均由编者自编或根据真实事件改编而成。

本书配套资源下载网址和联系方式

网址：https://www.wenjingketang.com

电话：400-117-9835

邮箱：book@wenjingketang.com

目录

CONTENTS

项目一

自动售检票系统

项目引言

自动售检票系统不仅是城市轨道交通对外服务的窗口，也是城市现代化与信息化建设的重要体现，为乘客购票乘车提供了便利。城市轨道交通服务人员应当对自动售检票系统有正确、清楚的认识，并掌握自动售票机、自动检票机、半自动售票机等机电设备的运用。

项目目标

本项目的学习目标如下。在学习本项目后，根据自己对知识和技能的掌握情况，以及素质提高情况，进行项目目标评价。

目标	评价内容	评价结果
知识目标	认识自动售检票系统的功能、构成与运行模式	□是　□否
	熟悉自动售票机的构成	□是　□否
	熟悉半自动售票机的功能与构成	□是　□否
	熟悉自动检票机的功能与构成	□是　□否
技能目标	掌握自动售票机的开站、关站作业与常见故障处理	□是　□否
	掌握半自动售票机的操作与常见故障处理	□是　□否
	掌握自动检票机的操作与常见故障处理	□是　□否
素质目标	了解前沿技术在自动售检票系统中的应用，培养创新意识	□是　□否
	了解全国劳动模范姚婕的事迹，培养服务意识与敬业精神	□是　□否

任务一 认知自动售检票系统

任务引入

初春时节，北京西郊的桃花进入最佳观赏期，不少市民与游客选择乘坐北京现代有轨电车西郊线前往国家植物园、香山等地赏花。为了应对突发大客流，西郊线站部分车站在高峰时段根据客流情况适时启动自动售检票系统的出站免检模式。在出站免检模式下，乘客在出站时无须刷卡或扫码即可直接出站，降低了乘客在站台上聚集引发的风险。

思考：

（1）什么是自动售检票系统？自动售检票系统具有哪些功能？

（2）乘客在乘坐城市轨道交通列车时，自动售检票系统是如何进行信息处理的？

（3）除了出站免检模式，自动售检票系统还具有哪些免检模式？在出站免检模式下，自动售检票系统如何收取乘车费用？

任务工单

任务名称：__________ 班 级：__________ 学 时：__________

姓 名：__________ 学 号：__________ 实训场地：__________

任务描述：

全班学生分组讨论、分析任务引入中提出的问题，达成一致意见后，以小组为单位在课堂上汇报讨论结果与任务实施过程。

任务目的：

（1）认识自动售检票系统的功能。

（2）认识自动售检票系统的构成。

（3）认识自动售检票系统的各类运行模式。

一、知识储备

阅读任务引入中的案例，思考任务引入中提出的问题，带着问题学习相关知识，并完成以下练习题。

1. 填空题

（1）【竞赛题】自动售检票系统的设计应满足最大__________的需要。

（2）自动售检票系统由____________、____________、____________、____________、____________等五层架构构成。

（3）__________，即综合中央计算机系统，是指用于发行和管理城市轨道交通车票，对不同线路的票款进行清分和结算，以及对城市轨道交通线网内其他乘车凭证的使用消费进行清分和结算的计算机系统。

（4）____________模式是自动售检票系统的默认模式，包括__________模式与____________模式。

2. 判断题

（1）自动售检票系统可以实现城市轨道交通运营中的售票、检票、计费、收费、统计、清分、管理等全过程。（　　）

（2）通过扫描二维码、刷 NFC 设备、人脸识别等方式进站乘车的乘客没有使用自动售检票系统。（　　）

（3）在紧急运行模式下，乘客可以正常购票进站。（　　）

3. 简答题

简述自动售检票系统进站和出站免检模式的启动条件。

二、任务分工

全班学生自由分组，每组 3～5 人，从中选出一名组长，由组长负责任务分工、过程记录、结果整理等工作。组长将小组成员的姓名与任务分工情况填入表 1-1 中。

表 1-1　小组成员的姓名与任务分工情况

成员姓名		任务分工
组长		
组员		

三、任务实施

（1）以小组为单位，根据任务引入、任务描述和本任务所学知识分析表 1-2 中的问题，达成一致意见后，各小组成员填写该表。

表 1-2　需要分析的问题与填写的答案

需要分析的问题	填写的答案
什么是自动售检票系统？	
自动售检票系统具有哪些功能？	
乘客在乘坐城市轨道交通列车时，自动售检票系统是如何进行信息处理的？	
除了出站免检模式，自动售检票系统还具有哪些运行模式？	
在出站免检模式下，自动售检票系统如何收取乘车费用？	
补充与修改：	

（2）各小组派出代表在课堂上汇报自己小组的讨论结果与任务实施过程，并解答其他小组成员提出的问题。教师对各小组的汇报情况进行点评。

（3）小组成员结合教师的点评和其他小组的汇报内容，对自己填写的答案进行必要的补充与修改。

四、任务评价

教师抽查各小组中任意一名成员的任务工单，然后根据各小组的汇报情况、任务工单的抽查结果和表 1-3，对各小组进行打分。学生根据自己所在小组的得分和自己在任务实施过程中的表现进行自我评价。

表 1-3　任务评价表

评价内容	分值	教师评分	自我评价
分工明确，任务完成度高	25		
任务工单填写认真，字迹工整，答案正确	25		
汇报流畅，语言清晰，举止大方	25		
能够正确解答其他小组成员提出的问题	25		
合计	100		

相关知识

一、自动售检票系统的功能

自动售检票（automatic fare collection, AFC）系统，是指基于计算机、通信、网络、自动控制、互联网移动支付等技术，实现城市轨道交通运营中的售票、检票、计费、收费、统计、清分、管理等全过程的自动化系统，其设计应满足最大预测客流量的需要。通过使用自动售检票系统，城市轨道交通车站在票务方面可以实现封闭式、自动化管理，不仅能够大大提高数据的可靠性与员工的工作效率，还有助于实现城市轨道交通运营管理中的科学财务管理与科学决策管理。

自动售检票系统的功能可以分为票务管理功能与数据处理功能，具体内容如下。

（一）票务管理功能

1．车票发行管理

自动售检票系统可以完成对单程票、储值卡等车票的编码、初始化、调配、挂失、注销等，从而实现对车票发行的管理。

2．售票

售票功能是自动售检票系统直接面向乘客的首要功能。乘客在城市轨道交通车站非付费区内可以通过自动售票机（见图 1-1）、半自动售票机等车站终端设备购买车票。

图 1-1　自动售票机

3．检票

在乘客进站与出站时，自动售检票系统中的自动检票机可以对乘客所持车票的有效性进行检查。如果乘客所持车票有效，自动检票机会记录乘客的进出站信息，然后放行；如果乘客无票或所持车票无效、余额不足等，自动检票机会将乘客拦下，并提示乘客按规定购买车票或补票。

（二）数据处理功能

自动售检票系统可以通过各车站终端设备自动收集票务交易数据，并将其上传至数据处理系统，再根据票务政策、清分规则、结算方法等进行票款清分、结算等处理。此外，自动售检票系统还可以收集相关的运营数据、控制数据、管理数据等，为相关工作人员进行票务分析、财务管理、设备管理等提供帮助。

课堂活动

自动售检票系统具体可以收集、分析哪些数据？请尽可能多地列举，并与同学讨论。

二、自动售检票系统的构成

自动售检票系统由清分系统、线路中央计算机系统、车站计算机系统、车站终端设备、乘车凭证等五层架构构成，如图 1-2 所示。

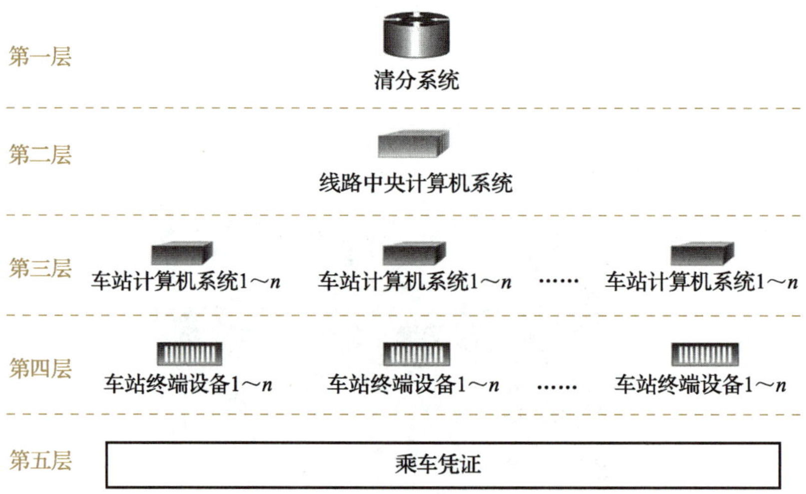

图 1-2 自动售检票系统的构成

（一）清分系统

清分系统（AFC clearing center, ACC），即综合中央计算机系统，是指用于发行和管理城市轨道交通车票，对不同线路的票款进行清分和结算，以及对城市轨道交通线网内其他乘车凭证的使用消费进行清分和结算的计算机系统。清分系统的主要功能包括统一自动售检票系统内部的各种运行参数、收集单程票产生的交易和审计数据并进行数据清分和对账、对单程票进行初始化和调配、制作应急票、对接城市公共交通清算系统等。

清分系统不仅可以对票务数据进行汇总和处理，也可以对各线路、各车站的客流数据进行分析。若某条线路或某个车站发生突发事件，清分系统可以及时发出报警信息并提供相应数据，辅助相关部门做出应急决策。

（二）线路中央计算机系统

线路中央计算机系统是自动售检票系统的管理控制中心，由服务器、磁盘阵列、磁带机、工作站、局域网设备、打印机、编码机等构成，安装在线路控制中心内。

指点迷津

线路中央计算机系统中的工作站包括系统管理工作站、数据管理工作站、网络通信管理工作站、参数下载工作站、车票管理工作站、设备监控工作站、报表查询工作站、中央及远程维修工作站等。

线路中央计算机系统对接清分系统与各车站计算机系统，可自动采集全线自动售检票系统的交易数据和设备运营状态信息，将清分系统所需的信息上传给清分系统；接收清分系统发出的清分数据、黑名单、费率表等信息及控制指令，实现对自动售检票系统的监控与管理。

（三）车站计算机系统

车站计算机系统由车站计算机、系统操作工作站、监视器、紧急控制系统、网络系统等构成，安装在各车站的车站控制室或票务室内。车站计算机系统用于接收线路中央计算机系统发出的信息，采集本车站范围内的售检票交易数据、设备状态数据及其他运营数据，监视车站终端设备的运行状态，并根据需要向单一或一组车站终端设备发出运行参数信息和控制指令。

（四）车站终端设备

车站终端设备包括自动售票机、半自动售票机、自动检票机等，安装在各车站的站厅，直接为乘客提供售检票服务。车站终端设备接受线路中央计算机系统和车站计算机系统的管理，按照预设的参数上传交易数据、设备状态信息、事件报警信息等，并接收运行参数和控制指令，根据需要在不同运行模式下工作。

（五）乘车凭证

乘车凭证即车票，是自动售检票系统的最底层架构。我国城市轨道交通在发展之初采用纸质车票（见图 1-3），使用人工售检票。随着自动售检票系统的全面启用和不断升级，纸质车票先后被磁卡车票（见图 1-4）和 IC 卡车票（见图 1-5）所取代。新型车票在自动售票机、自动检票机等车站终端设备的加持下，大大提高了售检票的效率与安全性。

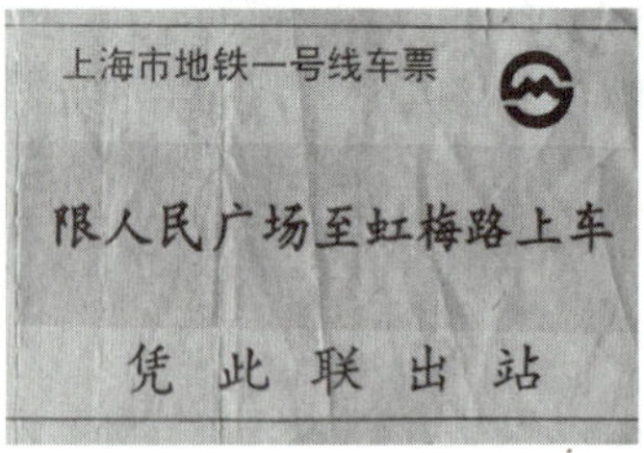

图 1-3　纸质车票

图 1-4　磁卡车票

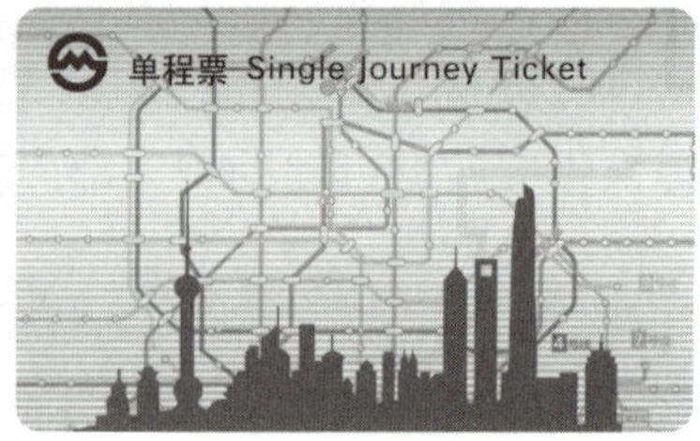

图 1-5　IC 卡车票

根据使用方法不同，城市轨道交通车票可以分为单程票、储值卡、计次票、一日票、老年人免费票、员工票等。除了实体票卡外，随着信息技术的发展，各类虚拟票卡也逐渐普及，乘客可以通过扫描二维码、刷 NFC 设备、人脸识别等方式快速进站乘车。

课堂活动

你还知道哪些类型的城市轨道交通车票？使用过哪些类型的城市轨道交通车票？体验过哪些城市轨道交通检票方式？这些车票和检票方式各有什么优点和缺点？请同学们讨论分享。

三、自动售检票系统的运行模式

自动售检票系统应具有正常运行模式、降级运行模式和紧急运行模式，应能在各种模式下按业务规则运行。

（一）正常运行模式

正常运行模式是自动售检票系统的默认模式，包括正常服务模式与关闭服务模式。

在正常服务模式下，自动售检票系统按照预设的参数正常进行售票、检票，对出付费区乘客所持的车票进行结算扣款，并回收实体单程票。

在关闭服务模式下，自动售检票系统不对车票进行任何处理。如果自动售检票系统需要进入关闭服务模式，相关人员应及时将关闭服务模式信息上传至线路中央计算机系统与清分系统。

（二）降级运行模式

当城市轨道交通在运营过程中出现特殊情况时，为了满足客流疏导要求，保证客运安全与运营收益，车站值班站长可以根据实际情况启动自动售检票系统的降级运行模式。降级运行模式包括列车故障模式、进站免检模式、出站免检模式、时间免检模式、日期免检模式与车费免检模式。各种降级运行模式的启动条件与车票处理如表 1-4 所示。

表 1-4　各种降级运行模式的启动条件与车票处理

模式	启动条件	车票处理
列车故障模式	（1）区间清客 （2）因车站设备故障、客流拥挤等，须清客封站	（1）正常售票，乘客能正常购票、检票进站 （2）付费区乘客检票出站不收取费用 （3）除福利票、出站票外，出站时不回收其他回收类车票 （4）乘客凭已进站未回收车票或未进站车票，在规定日期内可免费乘车一次
进站免检模式	（1）售票设备全部发生故障，无法发售车票 （2）进站及双向检票设备全部发生故障，乘客无法正常检票进站 （3）客流集中进站，造成检票口严重拥堵，危及乘客安全	（1）乘客无须检票就能直接进站，但需要持车票正常检票出站 （2）出站时回收所有回收类车票
出站免检模式	（1）出站及双向检票设备全部发生故障，乘客无法正常检票出站 （2）客流集中出站，造成检票口严重拥堵，危及乘客安全	（1）乘客无须检票，可直接出站 （2）回收类车票作废，不可再次使用
时间免检模式	城市轨道交通运输企业自身原因，致使乘客在付费区内的停留时间超过系统设置的乘车时间	在乘客出站时，不检验乘客在付费区内的停留时间，但仍检验车票的票值等其他内容，并正常扣款、回收所有回收类车票
日期免检模式	城市轨道交通运输企业自身原因，致使乘客所购车票过期	允许过期的车票在一段时间内正常使用，但仍检验车票的票值等其他内容，并正常扣款、回收所有回收类车票
车费免检模式	由于某些特殊原因，列车越过预定停车站后才停车	在乘客出站时，不检验车票票值是否小于与乘车里程相对应的车费、乘客在付费区的停留时间是否超时等，但仍检验车票日期，按最低车费扣款，并回收所有回收类车票

（三）紧急运行模式

当发生地震、火灾、爆炸等危及乘客和工作人员安全的事件时，车站值班站长可启动自动售检票系统的紧急运行模式。在紧急运行模式下，自动售票机、半自动售票机停止售票、充值业务，自动检票机处于全开状态，乘客可不检票直接出站。紧急运行模式下的自动检票机如图 1-6 所示。

图 1-6　紧急运行模式下的自动检票机

任务二 自动售票机的操作与故障处理

任务引入

虽然“扫码”“刷脸”等乘车方式越来越普及，但不少乘客还是习惯使用自动售票机购买车票。然而，近年来，一些乘客发现自己在使用自动售票机时，投入的1元硬币会被退回，而这些被退回的硬币都是2019年版第五套人民币。原来，与老版1元硬币相比，新版1元硬币的直径更小，无法被自动售票机准确识别。

自新版人民币发行以来，各城市轨道交通运输企业同步启动自动售票机适配改造项目，目前各城市自动售票机均可识别新版纸币，但是还有很多自动售票机不能识别新版硬币。某城市轨道交通指挥中心负责人表示，自动售票机适配新版1元硬币的改造项目涉及一系列硬件和软件的改造，由于全网自动售票机涉及多种品牌与机型，且数量较多，前期需要进行大量的比选、测试等工作，因此目前只有部分线路完成了改造工作，后期会逐步扩大改造范围，实现自动售票机的全网升级。

思考：

（1）自动售票机由哪些部分构成？自动售票机适配新版人民币的改造涉及哪些部分？

（2）如果自动售票机显示“只收纸币”“只收硬币”或“无找零”，可能是哪些原因导致的？该如何解决？

任务工单

任务名称：＿＿＿＿＿＿ 班　级：＿＿＿＿＿＿ 学　时：＿＿＿＿＿＿

姓　名：＿＿＿＿＿＿ 学　号：＿＿＿＿＿＿ 实训场地：＿＿＿＿＿＿

任务描述：

全班学生以小组为单位，在教师的指导下完成自动售票机的开站与关站作业。

任务目的：

（1）熟悉自动售票机的外部组成与内部结构。

（2）掌握自动售票机的开站与关站作业。

一、知识储备

阅读任务引入中的案例，思考任务引入中提出的问题，带着问题学习相关知识，并完成以下练习题。

1. 填空题

（1）【竞赛题】自动售票机的英文缩写是____________。

（2）自动售票机的外部主要由状态显示屏、乘客显示屏、____________、____________、____________、____________、____________、____________等组成。

（3）为了保证正常收款与找零，自动售票机硬币模块中的____________需要及时补充或更换，____________需要及时清空或更换。

2. 判断题

（1）【竞赛题】自动售票机一般安装在车站的付费区内。（　　）

（2）自动售票机显示“只收纸币”的原因可能是硬币模块卡币。（　　）

（3）自动售票机显示“只充值”的原因可能是硬币找零钱箱没有正确安装。（　　）

3. 简答题

（1）简述自动售票机的开站作业流程。

（2）简述自动售票机的关站作业流程。

二、任务分工

全班学生自由分组，每组 3～5 人，从中选出一名组长，由组长负责任务分工、过程记录、结果整理等工作。组长将小组成员的姓名与任务分工情况填入表 1-5 中。

表 1-5　小组成员的姓名与任务分工情况

成员姓名		任务分工
组长		
组员		

三、任务实施

（1）各小组在教师的指导下，参照表 1-6 完成自动售票机的开站与关站作业，并以拍摄图片或视频的方式记录实操过程。

表 1-6　自动售票机的开站与关站作业实操情况

项目	自动售票机的开站作业	自动售票机的关站作业
操作前的准备		
操作注意事项		
操作步骤		
遇到的问题与解决方案		
需要改进和提升的方面		

（2）操作完成后，小组成员观看拍摄的图片或视频，然后分析操作过程中遇到的问题和需要改进、提升的方面，并将表 1-6 中的答案补充完整。

（3）各小组派代表在课堂上讲解自己小组的实操过程、遇到的问题与解决方案、需要改进和提升的方面。教师和其他小组成员进行点评。

四、任务评价

教师抽查各小组中任意一名成员的任务工单，然后根据各小组的汇报情况、任务工单的抽查结果和表 1-7，对各小组进行打分。学生根据自己所在小组的得分和自己在任务实施过程中的表现进行自我评价。

表 1-7　任务评价表

评价内容	分值	教师评分	自我评价
分工明确，任务完成度高	25		
任务工单填写认真，字迹工整，答案正确	25		
操作熟练，操作步骤规范	25		
汇报流畅，语言清晰，举止大方	25		
合计	100		

相关知识

一、自动售票机的构成

自动售票机（ticket vending machine, TVM）在自动售检票系统中属于直接面向乘客的车站终端设备，安装在车站的非付费区内，一般设在车站站厅出入口附近，用于现场自助发售、赋值有效车票，具有自动支付和找零功能。下面主要介绍自动售票机的外部组成与内部结构。

（一）自动售票机的外部组成

自动售票机的外部主要由状态显示屏、乘客显示屏、硬币入口、纸币入口、找零口、取票口、凭条口、求助按钮等组成，如图 1-7 所示。状态显示屏用于显示自动售票机当前的运行状态。乘客显示屏具有触摸操作功能，乘客可以用此选择乘车线路、购票张数、票款支付方式等。如果乘客在使用自动售票机的过程中遇到问题，可以按下求助按钮向工作人员求助。

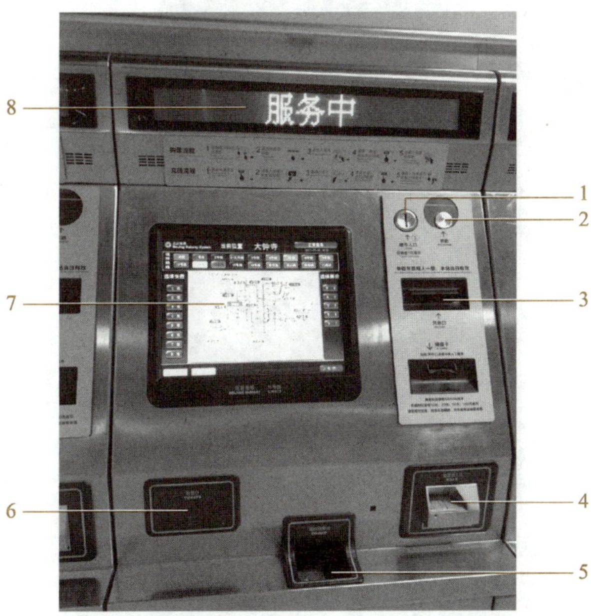

1—硬币入口；2—求助按钮；3—凭条口；4—纸币入口；
5—找零口；6—取票口；7—乘客显示屏；8—状态显示屏。

图 1-7　自动售票机的外部组成

除此之外，有些自动售票机上还设有储值卡入口（见图 1-8）或储值卡感应区、银行卡入口或银行卡感应区、二维码扫描区（见图 1-9）等，方便乘客对储值卡进行充值、使用非现金付款方式购票等。

图 1-8　储值卡入口

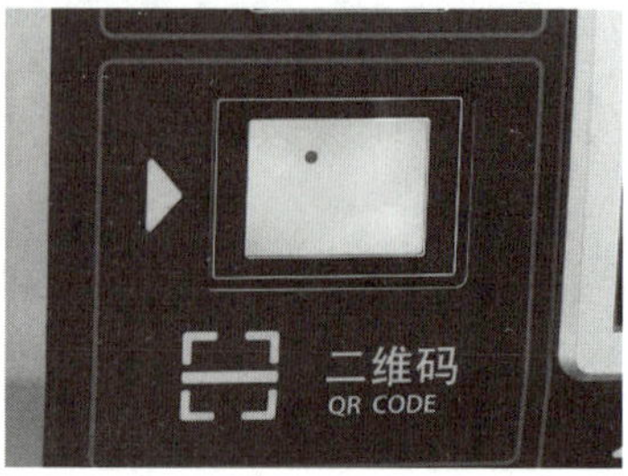

图 1-9　二维码扫描区

（二）自动售票机的内部结构

不同类型的自动售票机的内部结构有所差别，但基本上都由主控单元、硬币模块、纸币模块、单程票模块、维护面板等构成，如图 1-10 所示。

1—主控单元；2—维护面板；3—纸币模块；4—硬币模块；5—单程票模块。

图 1-10　自动售票机的内部结构

1．主控单元

主控单元是自动售票机的核心控制模块，用于运行控制软件，协调和控制其他各模块处理车票与现金数据，并监控设备状态。

2．硬币模块

硬币模块由硬币识别器、硬币传送装置、硬币找零钱箱（见图 1-11）、硬币回收钱箱（见图 1-12）等构成，可以完成硬币的识别、接收、返还、找零等操作。为了保证正常收款与找零，硬币找零钱箱需要及时补充或更换，硬币回收钱箱需要及时清空或更换。

图 1-11　硬币找零钱箱

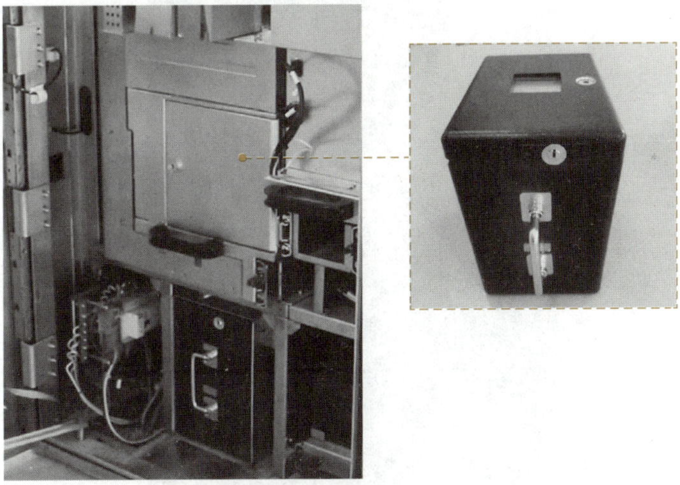

图 1-12　硬币回收钱箱

3．纸币模块

纸币模块由纸币识别器、纸币传送装置、纸币回收钱箱等构成，可以完成纸币的识别、接收、返还等操作。部分型号自动售票机的纸币模块还设有纸币找零钱箱，具有纸币找零功能。为了保证正常收款与找零，纸币找零钱箱需要及时补充或更换，纸币回收钱箱需要及时清空或更换。纸币找零钱箱与纸币回收钱箱如图 1-13 所示。

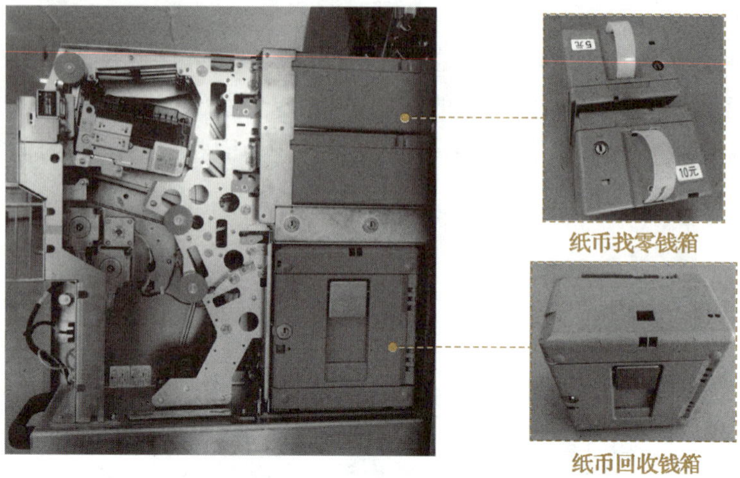

图 1-13　纸币找零钱箱与纸币回收钱箱

4. 单程票模块

单程票模块由车票读写设备、车票传送装置、单程票箱、废票盒（箱）等构成，用于对单程票进行赋值与发放。为了保证正常出票，单程票箱需要及时补充或更换，废票盒（箱）需要及时清空或更换。单程票箱与废票盒如图 1-14 所示。

1—单程票箱（A）；2—单程票箱（B）；3—废票盒。

图 1-14　单程票箱与废票盒

5. 维护面板

维护面板是操作员登录接口，自动售票机的检测维修及运营结账等都需要通过维护面板操作完成。

二、自动售票机的开站与关站作业

（一）自动售票机的开站作业

自动售票机的开站作业内容与流程如下：

（1）使用维修门钥匙打开维修门。

（2）在维护面板上输入操作账号和密码。

（3）补充单程票。在维护面板的主菜单中选择补充单程票对应的菜单项，输入补充单程票的数量，将正确数量的单程票装入单程票箱，或将装有正确数量单程票的单程票箱装入单程票模块。

（4）补充硬币。在维护面板的主菜单中选择补充硬币对应的菜单项，输入补充硬币的数量，将正确数量的硬币装入硬币找零钱箱，或将装有正确数量硬币的硬币找零钱箱装入硬币模块。

（5）补充纸币。在维护面板的主菜单中选择补充纸币对应的菜单项，输入补充纸币的数量，将正确数量的纸币装入纸币找零钱箱，或将装有正确数量纸币的纸币找零钱箱装入纸币模块。

（6）装入纸币回收钱箱与硬币回收钱箱。

（7）退出登录的账号，锁闭维修门。

（8）查看状态显示屏，测试乘客显示屏，确认自动售票机能正常工作。

（二）自动售票机的关站作业

自动售票机的关站作业内容与流程如下：

（1）使用维修门钥匙打开维修门。

（2）在维护面板上输入操作账号和密码。

（3）在维护面板的主菜单中选择相应的菜单项，执行下班盘点操作。

（4）清空或取出硬币找零钱箱，取出硬币回收钱箱。

（5）清空或取出纸币找零钱箱，取出纸币回收钱箱。

（6）清空或取出单程票箱，清空废票盒（箱）。

（7）查看维护面板上显示的信息，以确认硬币、纸币、单程票数量已清零。

（8）退出登录的账号，锁闭维修门。

指点迷津

自动售票机的开站作业与关站作业是城市轨道交通站务职业技能等级考试考核的重要内容之一，扫描下方二维码可查看自动售票机开站、关站作业的实操考核演示和评分标准。

自动售票机（TVM）开站作业　　自动售票机（TVM）关站作业

三、自动售票机的常见故障处理

自动售票机的常见故障、故障原因与处理办法如表 1-8 所示。

表 1-8　自动售票机的常见故障、故障原因与处理办法

常见故障	故障原因	处理办法
自动售票机显示“只收纸币”	硬币模块卡币	检查硬币模块，处理卡住的硬币，并重新启动设备
	硬币回收钱箱没有正确安装	正确安装硬币回收钱箱
自动售票机显示“只收硬币”	纸币模块卡币	检查纸币模块，处理卡住的纸币，并重新启动设备
	纸币回收钱箱没有正确安装	正确安装纸币回收钱箱
自动售票机显示“网络连接失败”	网络故障	（1）检查自动售票机和服务器之间的网络连接是否正常 （2）检查系统服务器软件是否正常运行
自动售票机显示“无找零”	硬币找零钱箱或纸币找零钱箱内没有足够多找零用的硬币或纸币	补充硬币或纸币
	硬币找零钱箱或纸币找零钱箱没有正确安装	正确安装硬币找零钱箱或纸币找零钱箱
自动售票机显示“只充值”	单程票箱内没有车票	补充单程票
	单程票箱没有正确安装	正确安装单程票箱
自动售票机启动后显示“暂停服务”，不能进入工作状态	维修门没有关上	将维修门关紧并上锁
	维护面板故障	联系厂家维修或更换维护面板
	储值卡读卡器故障	联系厂家维修或更换储值卡读卡器
自动售票机启动后，乘客显示屏不显示信息	自动售票机内部主控单元没有开机	打开主控单元开关
	显示屏线缆连接错误	检查显示屏线缆连接情况

任务三　半自动售票机的操作与故障处理

任务引入

某天早上早高峰时段，贵阳地铁的自动售检票系统出现设备故障，乘客无法使用手机支付方式购票进站，只能使用现金购票或刷储值卡乘车。一时间，车站的自动售票机前排起了长队。然而，一些乘客没有携带零钱，无法在自动售票机上购票。面对这种情况，贵阳地铁临时加开了人工售票窗口，利用半自动售票机为乘客出售车票，帮助乘客快速购票进站。

思考：

（1）除了出售车票外，半自动售票机还具有哪些功能？

（2）半自动售票机由哪些部分构成？各部分分别具有哪些功能？

任务工单

任务名称：＿＿＿＿＿＿	班　　级：＿＿＿＿＿＿	学　　时：＿＿＿＿＿＿
姓　　名：＿＿＿＿＿＿	学　　号：＿＿＿＿＿＿	实训场地：＿＿＿＿＿＿

任务描述：

全班学生以小组为单位，在教师的指导下，利用半自动售票机完成售票、充值、验票、补票、退票等操作。

任务目的：

（1）熟悉半自动售票机的功能与构成。

（2）掌握半自动售票机的售票、充值、验票、补票、退票等操作。

一、知识储备

阅读任务引入中的案例，思考任务引入中提出的问题，带着问题学习相关知识，并完成以下练习题。

1．填空题

（1）半自动售票机的英文缩写是＿＿＿＿＿＿。

（2）【竞赛题】半自动售票机的主控单元与______________相连，上传交易数据、设备运行状态数据等。

（3）售票员在离开半自动售票机所在的车站服务中心、售票亭等处时，须退出登录，或将半自动售票机设为______________模式。

（4）半自动售票机无法识别车票时，应检查______________是否正确连接。

2．判断题

（1）半自动售票机通常安装在车站服务中心、售票亭、补票亭等处，采用人工操作的方式提供票务服务。（　　）

（2）在处理车票时，半自动售票机会将车票处理信息显示在乘客显示器上，便于售票员操作。（　　）

（3）半自动售票机无法打印单据时，应检查单据打印机的电源是否打开，或检查打印纸是否已用尽。（　　）

3．简答题

简述半自动售票机死机、显示器不显示信息的处理办法。

二、任务分工

全班学生自由分组，每组 3～5 人，从中选出一名组长，由组长负责任务分工、过程记录、结果整理等工作。组长将小组成员的姓名与任务分工情况填入表 1-9 中。

表 1-9　小组成员的姓名与任务分工情况

成员姓名		任务分工
组长		
组员		

三、任务实施

（1）各小组在教师的指导下，参照表 1-10 完成半自动售票机的实操，并以拍摄图片或视频的方式记录实操过程。

表 1-10　半自动售票机的实操情况

操作项目	操作过程
售票	
充值	
验票	
补票	
退票	
遇到的问题和解决方案：	
需要改进和提升的方面：	

（2）操作完成后，小组成员观看拍摄的图片或视频，然后分析操作过程中遇到的问题和需要改进、提升的方面，并将表 1-10 中的答案补充完整。

（3）各小组派代表在课堂上讲解自己小组的实操过程、遇到的问题与解决方案、需要改进和提升的方面。教师和其他小组成员进行点评。

四、任务评价

教师抽查各小组中任意一名成员的任务工单，然后根据各小组的汇报情况、任务工单的抽查结果和表 1-11，对各小组进行打分。学生根据自己所在小组的得分和自己在任务实施过程中的表现进行自我评价。

表 1-11　任务评价表

评价内容	分值	教师评分	自我评价
分工明确，任务完成度高	25		
任务工单填写认真，字迹工整，答案正确	25		
操作熟练，操作步骤规范	25		
汇报流畅，语言清晰，举止大方	25		
合计	100		

相关知识

一、半自动售票机的功能

半自动售票机（booking office machine, BOM）又称票房售票机、人工售票机，通常安装在车站服务中心、售票亭、补票亭等处，采用人工操作的方式提供票务服务。

半自动售票机一般具有以下功能：

（1）对车票进行分析、更新、赋值、充值、延期、退回等。

（2）辅助发售车票、补票、罚款、处理行政事务、查询交易信息、管理收益信息等。

（3）记录登录及退出时间、车票处理统计数据、现金处理统计数据等，并自动生成班次报告。

二、半自动售票机的构成

半自动售票机主要由主控单元、乘客显示器、操作员显示器、读写器、单据打印机、车票发售模块等构成，如图 1-15 所示。

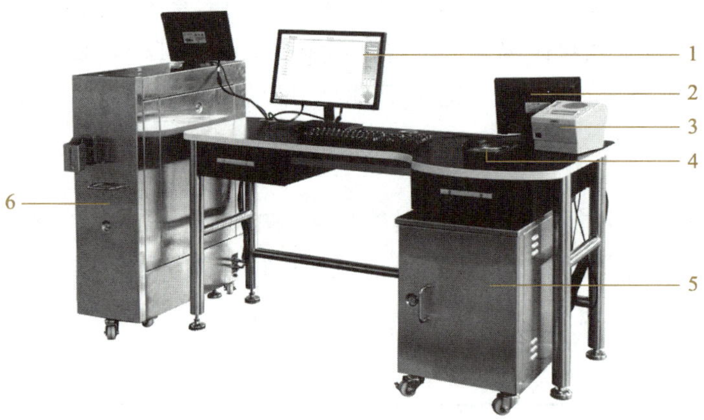

1—操作员显示器；2—乘客显示器；3—单据打印机；4—读写器；5—主控单元；6—车票发售模块。

图 1-15　半自动售票机的构成

半自动售票机的主控单元采用低功耗工业控制计算机，用于运行控制软件，完成车票处理、状态监控、故障检测等。此外，主控单元还与车站计算机系统相连，上传交易数据、设备运行状态数据等，并接收车站计算机系统或线路中央计算机系统发布的指令、参数信息等。

车票发售模块、读写器、单据打印机与主控单元相连，用于发售单程票、回收废票、读写车票数据、打印报销凭证、打印班次报表等。

在处理车票时，半自动售票机会将车票处理信息显示在操作员显示器上，便于售票员操作。半自动售票机一般设有两个乘客显示器，分别安装在付费区与非付费区窗口附近，为乘客提供信息。

指点迷津

乘客显示器上显示的信息包括车票的票种、押金、余额（乘次）及优惠信息、过期日期、无效原因等。

三、半自动售票机的操作

打开半自动售票机的应用程序，进入登录界面，输入用户名和密码，即可进入半自动售票机的操作界面（见图 1-16）。在操作界面中选择相应的菜单项，根据提示即可执行售票、充值、验票、补票、退票等操作。半自动售票机的常用功能与操作步骤如表 1-12 所示。

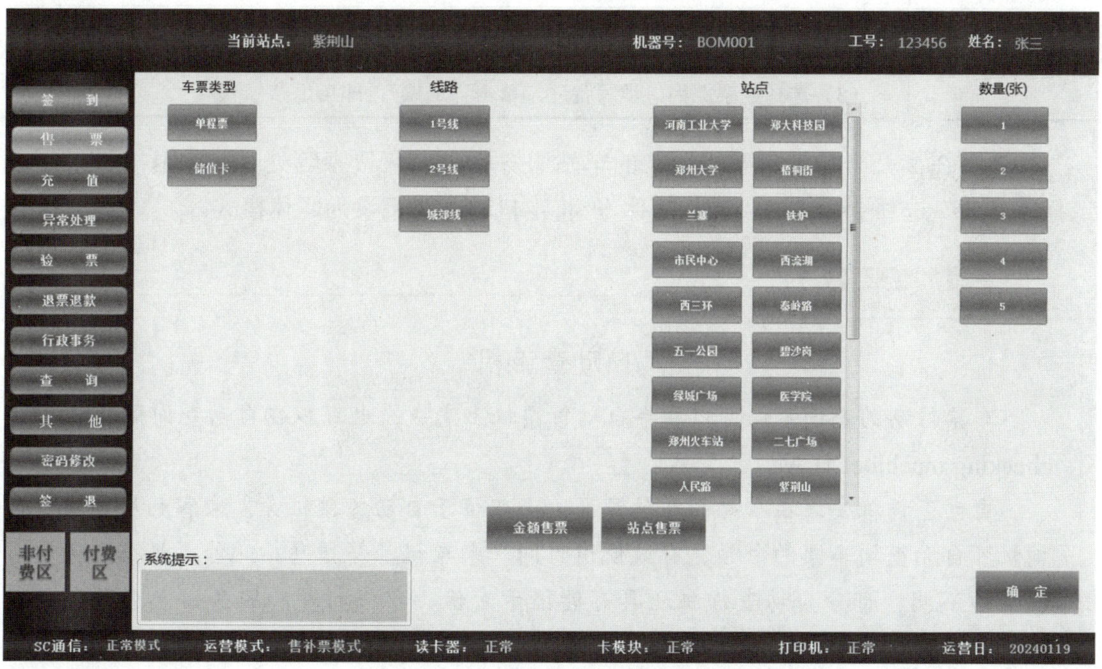

图 1-16　半自动售票机的操作界面

表 1-12　半自动售票机的常用功能与操作步骤

常用功能	操作步骤
售单程票	（1）选择“售票”选项卡，进入售票界面 （2）选择车票类型为“单程票” （3）单击“金额售票”，选择单张车票的金额；或单击“站点售票”，选择线路与站点 （4）选择售票张数，单击“确定”，即可从车票发售模块中取出相应的单程票
售储值卡	（1）选择“售票”选项卡，进入售票界面 （2）选择车票类型为“储值卡” （3）选择储值金额与储值卡的数量 （4）将待售的储值卡放在读写器上，单击“确定”，即可售出相应的储值卡
储值卡充值	（1）将需要充值的储值卡放在读写器上 （2）选择“充值”选项卡，进入储值卡充值界面 （3）选择充值的金额，单击“充值”，即可对储值卡进行充值
验票	（1）选择“验票”选项卡，进入验票界面 （2）将需要查验的车票放在读写器上，显示器上即可显示车票的相关信息 （3）单击“打印”可以打印验票信息，单击“关闭”可以退出验票界面
补票	（1）选择“异常处理”选项卡，进入车票异常处理界面 （2）将需要补票的车票放在读写器上，显示器上即可显示车票的相关信息（若乘客无票，则无须进行该步骤） （3）根据实际情况选择异常原因为“超程”“滞留超时”或“无票卡” （4）输入应收金额与备注，单击“异常处理”，即可补票
退票	（1）将乘客要求退回的车票放在读写器上 （2）选择“退票退款”选项卡，进入退票界面 （3）选择退票原因，填写备注，单击“退票”，即可退票

售票员在离开半自动售票机所在的车站服务中心、售票亭等处时，须退出登录，或选择“其他”选项卡，单击“操作间休”，将半自动售票机设为间休模式。

知识拓展

自动查询机

车票信息的查询不仅可以在半自动售票机上完成，也可以在自动查询机（ticket checking machine, TCM）上完成。

自动查询机安装在车站的非付费区，一般位于自动售票机旁，乘客利用自动查询机可自助查询车票的余额、有效使用时间、乘车记录等信息。此外，根据型号和配置的不同，部分自动查询机还具有储值卡充值、单据打印、服务信息查询等功能。自动查询机的操作界面如图 1-17 所示。

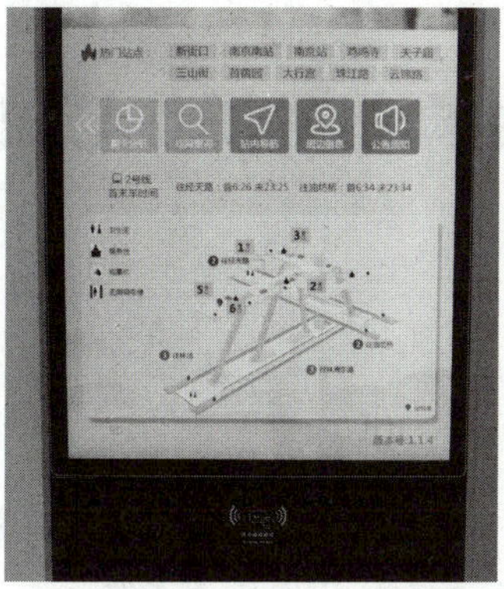

图 1-17　自动查询机的操作界面

四、半自动售票机的常见故障处理

半自动售票机的常见故障与处理办法如表 1-13 所示。

表 1-13　半自动售票机的常见故障与处理办法

常见故障	处理办法
死机，无法进行操作	同时按下“Ctrl”“Alt”“Delete”键，在打开的界面中单击“重启”，重启半自动售票机的系统
	若无法重启，则关闭电源后重新开机
无法登录	检查账号密码是否正确
	检查读写器、网络连接线等是否插紧
操作员显示器或乘客显示器不显示信息	检查显示器的电源是否打开
	检查显示器的线缆连接是否正常
无法识别车票	检查读写器是否正确连接
无法打印单据	检查单据打印机的电源是否打开
	检查打印纸是否已用尽
显示“网络连接失败”	检查半自动售票机和服务器之间的网络连接是否正常
	检查车站计算机系统服务器是否正常运行

任务四 自动检票机的操作与故障处理

任务引入

2023 年 5 月，北京地铁大兴机场线正式开通“刷掌”乘车服务，这是掌纹生物识别技术首次应用于城市轨道交通自动售检票系统。

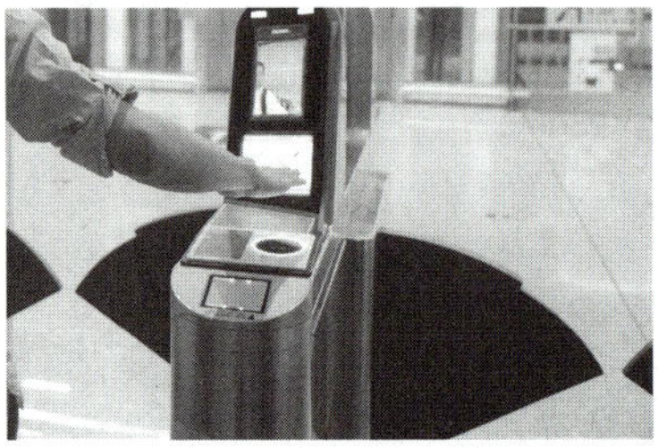

图 1-18　带有圆环标志的自动检票机

北京地铁大兴机场站的售票区内增设了掌纹支付登记开通设备，乘客只需根据屏幕上的提示信息进行操作，半分钟左右即可完成登记。进站时，乘客找到带有圆环标志的自动检票机（见图 1-18），将掌心对准圆环标志，识别成功后，自动检票机立即放行。“伸一伸手”就能乘车，方便又快捷。

思考：

（1）自动检票机由哪些部分构成？各部分分别具有哪些功能？

（2）你见过或使用过哪些类型的自动检票机？它们各有哪些特点？

任务工单

任务名称：__________ 班　级：__________ 学　时：__________

姓　名：__________ 学　号：__________ 实训场地：__________

任务描述：

全班学生以小组为单位，在教师的指导下完成自动检票机回收票箱的更换。

任务目的：

（1）熟悉自动检票机的结构。

（2）学会判断自动检票机的通行方向与状态，掌握更换回收票箱的步骤与方法。

一、知识储备

阅读任务引入中的案例，思考任务引入中提出的问题，带着问题学习相关知识，并完成以下练习题。

1. 填空题

（1）自动检票机的英文缩写是____________。

（2）【竞赛题】按照客流控制方向，自动检票机可分为____________、____________和____________。

（3）____________安装在自动检票机箱体前面板的下端，用于指示通行方向、显示通行状态。

（4）如果自动检票机启动后警示灯一直亮着，则应尝试清洁__________并重新启动自动检票机。

2. 判断题

（1）自动检票机一般安装在车站付费区与非付费区的交界处，并且具有客流记录、扣费记录等功能。（　　）

（2）一个自动检票机箱体可以组成一个客流通道。（　　）

（3）图 1-19 为摆闸的拦阻体。（　　）

（4）在清空回收票箱后，如果自动检票机没有自动清空数据功能，还应在运营管理系统中选择相应菜单项，执行数据清空操作。（　　）

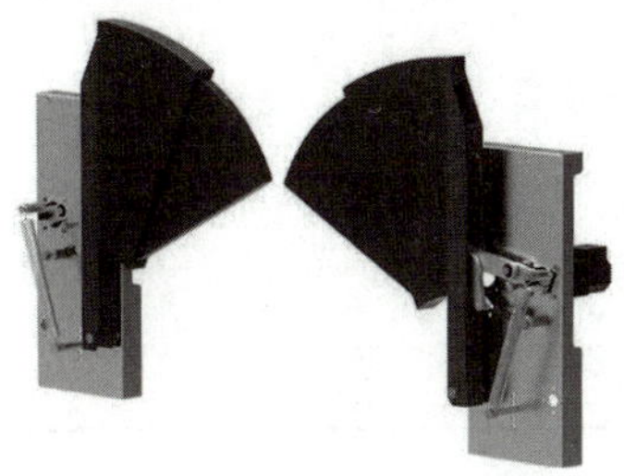

图 1-19　某自动检票机的拦阻体

3. 简答题

简述更换自动检票机回收票箱的流程。

二、任务分工

全班学生自由分组，每组 3～5 人，从中选出一名组长，由组长负责任务分工、过程记录、结果整理等工作。组长将小组成员的姓名与任务分工情况填入表 1-14 中。

表 1-14　小组成员的姓名与任务分工情况

成员姓名		任务分工
组长		
组员		

三、任务实施

（1）各小组在教师的指导下，参照表 1-15 完成自动检票机回收票箱的更换，并以拍摄图片或视频的方式记录实操过程。

表 1-15　自动检票机更换回收票箱的实操情况

操作过程	遇到的问题与解决方案
需要改进和提升的方面：	

（2）操作完成后，小组成员观看拍摄的图片或视频，然后分析操作过程中遇到的问题和需要改进、提升的方面，并将表 1-15 中的答案补充完整。

（3）各小组派代表在课堂上讲解自己小组的实操过程、遇到的问题与解决方案、需要改进和提升的方面。教师和其他小组成员进行点评。

四、任务评价

教师抽查各小组中任意一名成员的任务工单，然后根据各小组的汇报情况、任务工单的抽查结果和表 1-16，对各小组进行打分。学生根据自己所在小组的得分和自己在任务实施过程中的表现进行自我评价。

表 1-16　任务评价表

评价内容	分值	教师评分	自我评价
分工明确，任务完成度高	25		
任务工单填写认真，字迹工整，答案正确	25		
操作熟练，操作步骤规范	25		
汇报流畅，语言清晰，举止大方	25		
合计	100		

相关知识

一、自动检票机的功能

自动检票机（automatic gate machine, AGM）又称闸机，是城市轨道交通车站内的通道阻拦设备，用于自动检验和处理车票，管控乘客出入付费区。按照客流控制方向，自动检票机可分为进站检票机、出站检票机和双向检票机；按照通道宽度，自动检票机可分为标准通道检票机和宽通道检票机。

自动检票机一般安装在车站付费区与非付费区的交界处，并且具有以下功能：

（1）检验各类车票的有效性，实现乘客自助式进出站检票。

（2）客流记录、扣费记录、黑名单使用记录及信息输出。

（3）显示明确的通行方向指示和车票、设备状态信息，并提供友好的人机界面，为乘客及工作人员提供有效的车票处理信息与操作指引。

（4）监控乘客通行状态，检测通过人数，保证乘客通行安全。

二、自动检票机的构成

自动检票机由箱体及附属设备（见图 1-20）、主控单元、拦阻体、读写器、车票回收模块等构成。

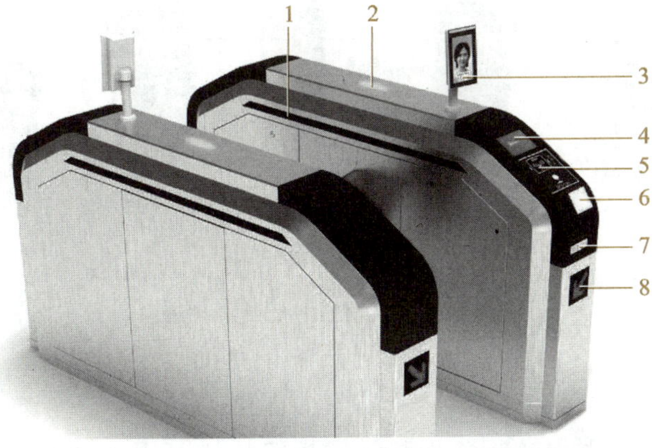

1—传感器；2—警示灯；3—人脸识别终端；4—乘客显示屏；
5—刷卡区；6—二维码扫描区；7—单程票回收口；8—状态指示灯。

图 1-20　自动检票机箱体及附属设备

（一）箱体及附属设备

箱体用于保护自动检票机的内部构件，应具有足够的强度和刚度。两个箱体可以组成一个客流通道，箱体上的附属设备可以读取车票信息、回收单程票、检测乘客的通行状态等。箱体上设有维修门，方便工作人员维护、检修。

（二）主控单元

自动检票机的主控单元由工控机主板、储存卡、硬盘、中央处理器、内存等构成，用于运行控制软件，具有车票处理、数据通信、状态监控等功能。

（三）拦阻体

自动检票机的拦阻体由电机驱动，受主控单元和传感器控制，在不允许行人通行的时候起拦阻作用，在允许行人通行时会打开放行。

根据拦阻体的结构与拦阻方式的不同，自动检票机可以分为三辊闸、摆闸、翼闸、转闸、一字闸、平移闸等，如图 1-21 所示。

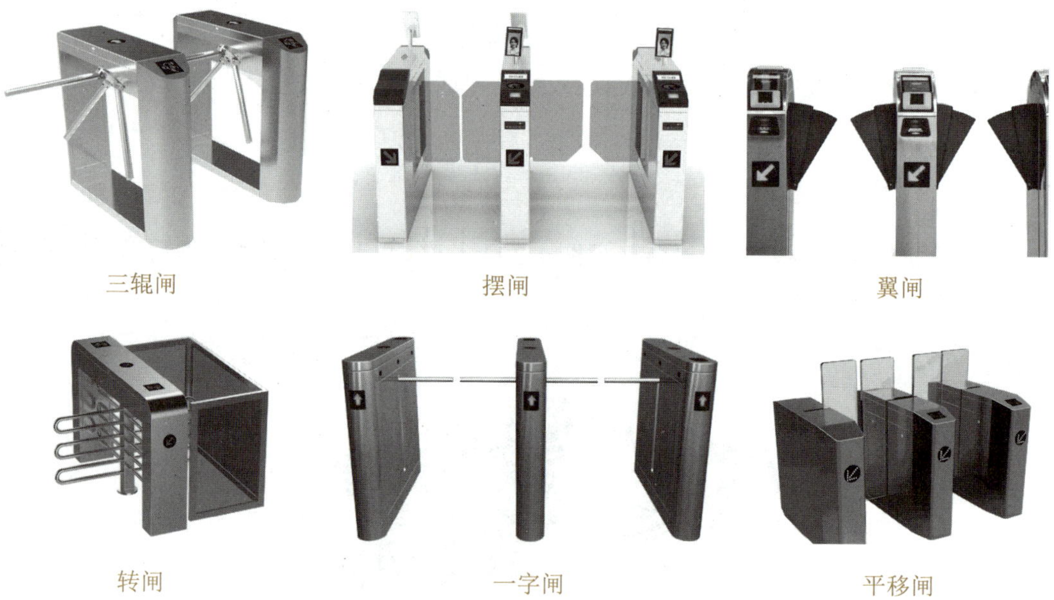

图 1-21　不同类型的自动检票机

（四）读写器

自动检票机的读写器由控制主板和天线板等构成，用于读取、写入各类车票的进出站信息，并将其上传至主控单元，以控制拦阻体的状态。

（五）车票回收模块

自动检票机的车票回收模块由单程票回收口、车票传送装置、车票分拣装置、回收票箱、废票箱等构成，用于处理出站的单程票，回收有效车票并将其传送至回收票箱，退回无效车票。

课堂活动

图 1-22 所示为某自动检票机的车票回收模块。请在图中标出回收票箱与废票箱的位置，然后与同学核对答案。

图 1-22　某自动检票机的车票回收模块

（六）电源模块

电源模块为自动检票机提供稳定的电流。为保护受电部件不受大电流冲击而损坏，电源模块的进线端通常设有总电源开关和漏电保护器。此外，为了防止突然断电造成数据丢失等事故，自动检票机内还设有不间断电源（uninterruptible power supply, UPS），保证自动检票机在断电后的一定时间内还能够正常运行。

科技创新

“双目闸机”为乘客保驾护航

随着数字化、智能化产品的普及，各大城市轨道交通车站的自动售检票系统也在不断更新升级。例如，北京地铁公司突出智慧引领、创新发展，建设创新型地铁，并以 5 号线东单站为试点，打造智慧车站，为乘客出行带来新体验。新一代双目闸机就是智慧车站的重要组成部分。

与传统自动检票机相比，双目闸机通过高度集成化设计，缩小了体积，大大节省了站内空间。每台双目闸机上方的天花板上，都安装了一对摄像头，它们就是自动检票机的“双目”，可以进行成像分析，精准识别儿童、孕妇、随行物品等，有效实现防夹，保障乘客安全过闸。

不仅如此，在深度追踪识别技术的加持下，双目闸机还可以识别乘客的运动习惯，对过闸乘客进行监控和提醒，杜绝插队、闯闸等现象，增加对反向闯入、尾随、并行等的检测和实时影像记录取证，规范不文明乘车行为。

此外，同一台双目闸机既可以用于进站，又可以用于出站。根据客流情况灵活切换进出站方向，能够有效提高通行效率，缓解客流高峰进出站通行压力。

（资料来源：李博，《双目闸机杜绝闯闸逃票 5 号线东单站试点“智慧车站”》，《北京晚报》，2020 年 12 月 25 日）

三、自动检票机的操作

（一）开启与关闭

开启自动检票机时，首先要使用维修门钥匙打开维修门，然后依次打开电源的空气隔离开关与不间断电源的开关。电源接通后，自动检票机内部的指示灯亮起，各模块开始自检。待自检完成后，打开主控单元的开关，待自动检票机系统启动后，锁闭维修门。

关闭自动检票机时，首先要使用维修门钥匙打开维修门，然后关闭主控单元的开关。待乘客显示屏显示无信号后，再依次关闭电源的空气隔离开关与不间断电源的开关。确认电源断开后，锁闭维修门。

（二）判断通行方向与状态

自动检票机的通行方向与状态可以根据状态指示灯与乘客显示屏所显示的信息来判断。状态指示灯安装在箱体前面板的下端，用于指示通行方向、显示通行状态，绿色箭头所指的通道可以通行。乘客显示屏一般安装在箱体前面板的上端，除了在乘客进出站时显示车票处理结果外，还可以显示通行状态、设备的运行状态等提示信息。

（三）更换或清空回收票箱

自动检票机更换或清空回收票箱的操作步骤如下：

（1）使用维修门钥匙打开维修门。

（2）使用维护面板或插入维护小键盘，输入操作账号和密码，登录运营管理系统。

（3）选择相应菜单项，确认回收票箱内车票的数量。

（4）打开车票回收模块，更换回收票箱，或清空回收票箱内的车票。如果自动检票机没有自动清空数据功能，还应在运营管理系统中选择相应菜单项，执行数据清空操作。

（5）在运营管理系统中查看回收票箱内车票的数量，确认回收票箱已更换或已清空。

（6）退出登录的账号，锁闭维修门。

（7）查看状态指示灯、乘客显示屏与拦阻体的状态，确认自动检票机正常运行。

指点迷津

自动检票机的实操是城市轨道交通站务职业技能等级考试考核的重要内容之一，扫描右侧二维码可查看自动检票机的实操考核演示和评分标准。

扫一扫

自动检票机（闸机）实操

四、自动检票机的常见故障处理

自动检票机的常见故障与处理办法如表 1-17 所示。

表 1-17　自动检票机的常见故障与处理办法

故障	处理办法
启动后显示“暂停服务”，不能进入工作状态	检查是否退出登录的账号
	检查维修门是否关紧、锁好
启动后警示灯一直亮着	清洁传感器并重新启动自动检票机
显示“网络连接失败”	检查自动检票机和服务器之间的网络连接是否正常
	检查车站计算机系统服务器是否正常运行
拦阻体常开、常闭或不受控制	检查各线缆连接是否正常
	检查电机、主控单元、传感器工作是否正常
收费不正常	在车站计算机系统上检查自动检票机的计费模式，将其设为正常
无法读取车票	登录运营管理系统，在自检界面进行读写器测试，检查读写状态是否正常
	检查读写器上的天线是否脱落
不回收单程票	检查回收票箱是否已满
	检查单程票回收口的塑料盖板是否移位，造成回收口堵塞
	检查车站计算机系统下发的智能票卡接收器的模式是否有误

素养提升馆

全国劳动模范姚婕——地铁好站长，乘客知心人

“请问到武昌火车站怎么坐车？”“我要到武汉站，可以在哪儿换乘？”“我想坐公交车到汉阳，应从哪个出口出站？”类似的问询，姚婕每天要接受600多次，而她都会微笑着一一答复。从一名普通的站务员做起，到武汉地铁2号线汉口火车站中心站长，姚婕在一线基层岗位上已经干了将近20年。在这个平凡的岗位上，她始终坚持“乘客至上，品质一流”的服务理念，书写了不平凡的人生。

2012年，武汉地铁2号线开通前期，姚婕利用休息时间拿着纸和笔到公交站去抄站牌上各站点的名称，摸清了途经汉口火车站的24条公交线路，并要求车站员工将这些信息记清背熟，以便更好解答乘客问询。随着武汉地铁运营线路增多，为了让外地乘客更方便、快捷地到达目的地，姚婕还制作了“地铁换乘卡”，在车站免费发放，让乘客拿着卡片就知道怎么走，既解决了乘客的需求，也减少了员工的重复性工作。

在工作中，姚婕发现，临近收车时间，地铁站时常有行动不便的乘客因购票不及时而错过末班车。于是，她就在上夜班时提前购买几十张单程票，在进站客流最大的出入口为乘客快速办理人工售票，帮助他们快速进站。这一举措得到了市民的一致好评。后来，武汉地铁集团出面统一制作了“补票凭证”，乘客领取该凭证即可从专用通道进站乘车，出站时再补交车费，以免错过末班车。

作为全国劳动模范，姚婕带头打造了劳模创新工作室，用创新为乘客提供更好的服务。例如，她和工作室成员一起发明了地铁自动售票机单程票缓存装置，极大地提高了自动售票机的工作效率。“以前一台自动售票机只能装500张车票，全部售出后就需要人工更换单程票箱。现在经过改良，自动售票机的容纳量扩大了1倍。”劳模创新工作室的工作人员介绍。

凭借对城市轨道交通运营服务的专注和坚守，姚婕赢得了“地铁好站长，乘客知心人”的赞誉和乘客、同事的广泛认可。她用自己的平凡善举影响着身边的每一个人，把爱与责任融到每一天的工作当中，将自己的全部智慧与力量奉献给全体乘客。

（资料来源：姚婕、白爱萍，《当好武汉地铁“最强站长”》，《武汉文史资料》，2021年2月28日）

学习成果评价

请进行学习成果评价，并将评价结果填入表 1-18 中。

表 1-18　学习成果评价表

<table>
<tr><td>班级</td><td></td><td>组号</td><td colspan="2"></td><td>日期</td><td></td></tr>
<tr><td>姓名</td><td></td><td>学号</td><td colspan="2"></td><td>指导教师</td><td></td></tr>
<tr><td>项目名称</td><td colspan="6">自动售检票系统</td></tr>
<tr><td>评价项目</td><td colspan="3">评价内容</td><td>满分</td><td>自我评分</td><td>教师评分</td></tr>
<tr><td rowspan="5">理论知识
（40%）</td><td colspan="3">自动售检票系统的功能与构成</td><td>8</td><td></td><td></td></tr>
<tr><td colspan="3">自动售检票系统的运行模式</td><td>8</td><td></td><td></td></tr>
<tr><td colspan="3">自动售票机的外部组成与内部结构</td><td>8</td><td></td><td></td></tr>
<tr><td colspan="3">半自动售票机的功能与构成</td><td>8</td><td></td><td></td></tr>
<tr><td colspan="3">自动检票机的功能与构成</td><td>8</td><td></td><td></td></tr>
<tr><td rowspan="5">实践技能
（40%）</td><td colspan="3">能够识别自动售票机、半自动售票机、自动检票机的各主要模块</td><td>8</td><td></td><td></td></tr>
<tr><td colspan="3">能够进行自动售票机的开站与关站作业</td><td>8</td><td></td><td></td></tr>
<tr><td colspan="3">能够利用半自动售票机进行售票、充值、验票、补票、退票等操作</td><td>8</td><td></td><td></td></tr>
<tr><td colspan="3">能够进行自动检票机的开启与关闭、判断通行方向与状态、更换或清空回收票箱等操作</td><td>8</td><td></td><td></td></tr>
<tr><td colspan="3">能够处理自动售检票设备的常见故障</td><td>8</td><td></td><td></td></tr>
<tr><td rowspan="3">综合素养
（20%）</td><td colspan="3">具有良好的学习态度</td><td>6</td><td></td><td></td></tr>
<tr><td colspan="3">具有安全意识与规则意识，遵守操作规范</td><td>7</td><td></td><td></td></tr>
<tr><td colspan="3">具有创新意识、服务意识与敬业精神</td><td>7</td><td></td><td></td></tr>
<tr><td colspan="4">合计</td><td>100</td><td></td><td></td></tr>
<tr><td colspan="4">总分（自我评分×40%+教师评分×60%）</td><td colspan="3"></td></tr>
<tr><td>自我评价</td><td colspan="6"></td></tr>
<tr><td>教师评价</td><td colspan="6"></td></tr>
</table>

项目二

电梯、自动扶梯和轮椅升降机

项目引言

电梯、自动扶梯和轮椅升降机是城市轨道交通系统中的重要机电设备，不仅担负着运送大量客流的重要任务，也为行动不便的乘客进出车站提供了便利。城市轨道交通服务人员应当对电梯、自动扶梯和轮椅升降机的结构有所了解，掌握这些设备的基本操作与常见故障处理，以便为乘客提供优质的出入站服务，并在紧急情况下采取合理的处理措施。

项目目标

本项目的学习目标如下。在学习本项目后，根据自己对知识和技能的掌握情况，以及素质提高情况，进行项目目标评价。

目标	评价内容	评价结果
知识目标	了解电梯的原理与设置要求	□是　□否
	熟悉电梯、自动扶梯与轮椅升降机的结构	□是　□否
	熟悉电梯事故处理与救援	□是　□否
技能目标	掌握电梯的开启与关闭操作	□是　□否
	掌握自动扶梯的操作与常见故障处理	□是　□否
	掌握轮椅升降机的操作与常见故障处理	□是　□否
素质目标	了解各类事故的处理与救援，培育安全防范意识与安全责任意识	□是　□否
	了解无障碍设备在城市轨道交通车站中的应用，以及无障碍环境建设相关法律知识，提升法治素养，培育关怀精神	□是　□否

任务一　电梯的操作与故障处理

任务引入

某天晚上，在南京市某地铁站，一部正在上升的电梯突然停运，轿厢卡在站厅层与站台层之间，四名乘客被困。事故发生后，车站值勤民警和工作人员立即赶到现场，行车值班员第一时间联系了维修人员。

民警通过手机与被困乘客取得联系，询问乘客的身体状况并安抚他们的情绪。在得知四人没有吃晚饭后，工作人员便准备了水和面包，待乘客被救出后为其补充体力。电梯的四壁是透明的玻璃，被困乘客透过玻璃看到民警和工作人员的暖心举动后，紧张的情绪得到了有效缓解。10 分钟后，维修人员赶到现场，将被困乘客救出。

思考：

（1）电梯由哪些部分构成？有哪些安全保护系统为电梯的运行提供安全保障？

（2）乘客被困电梯时，工作人员应当如何开展救援？

任务工单

任务名称：________	班　　级：________	学　　时：________
姓　　名：________	学　　号：________	实训场地：________

任务描述：

全班学生分组交流讨论曳引驱动电梯的基本结构，电梯的开启与关闭操作，以及电梯事故的处理与救援等内容，并在课堂上进行分享。

任务目的：

（1）熟悉曳引驱动电梯的基本结构。

（2）掌握电梯的开启与关闭操作。

（3）熟悉电梯的事故处理与救援。

一、知识储备

阅读任务引入中的案例，思考任务引入中提出的问题，带着问题学习相关知识，并完成以下练习题。

1．填空题

（1）曳引绳通过曳引轮一端连接轿厢，一端连接____________。

（2）轿厢内应设有专用通信设备，实现_______________、轿厢、控制柜或机房之间的三方通话功能。

（3）门系统由__________、__________、门机、联动机构、门锁装置等构成。

（4）操纵装置包括轿厢内的____________、层门旁的____________、轿厢顶和机房中的检修或应急操纵箱等。

2．判断题

（1）曳引驱动电梯依靠摩擦力驱动。（　　）

（2）【竞赛题】电梯应接受车站环境与设备监控系统的监控。（　　）

（3）补偿装置用于构成曳引条件，并平衡部分额定载重。（　　）

（4）【竞赛题】如果乘客因电梯故障被困在轿厢内，可以让乘客自行打开轿厢门脱困。（　　）

3．简答题

（1）什么是端站保护装置？

（2）简述电梯使用前的准备。

二、任务分工

全班学生自由分组，每组 3～5 人，从中选出一名组长，由组长负责任务分工、过程记录、结果整理等工作。组长将小组成员的姓名与任务分工情况填入表 2-1 中。

表 2-1　小组成员的姓名与任务分工情况

成员姓名		任务分工
组长		
组员		

三、任务实施

（1）以小组为单位，结合本任务所学知识分析表 2-2 中的问题，达成一致意见后，各小组成员填写该表。

表 2-2　需要分析的问题与填写的答案

需要分析的问题	填写的答案
曳引驱动电梯各系统分别由哪些基本构件构成？各系统分别具有哪些作用？	
怎样开启和关闭电梯？	
乘客被困电梯轿厢内时，应怎样进行救援？	
补充与修改：	

（2）各小组派出代表在课堂上汇报自己小组的任务实施结果，并解答其他小组成员提出的问题。教师对各小组的汇报情况进行点评。

（3）小组成员结合教师的点评和其他小组的汇报内容，对自己填写的答案进行必要的补充与修改。

四、任务评价

教师抽查各小组中任意一名成员的任务工单，然后根据各小组的汇报情况、任务工单的抽查结果和表 2-3，对各小组进行打分。学生根据自己所在小组的得分和自己在任务实施过程中的表现进行自我评价。

表 2-3　任务评价表

评价内容	分值	教师评分	自我评价
分工明确，任务完成度高	25		
任务工单填写认真，字迹工整，答案正确	25		
汇报流畅，语言清晰，举止大方	25		
能够正确解答其他小组成员提出的问题	25		
合计	100		

相关知识

一、电梯的原理

电梯是城市轨道交通车站中用于连通不同站层的重要设备，一般设置在车站的出入口、站台层与站厅层，为乘客进出车站、乘车提供便利。根据驱动方式的不同，电梯可以分为曳引驱动电梯、强制驱动电梯、液压电梯等。其中曳引驱动电梯具有安全性高、使用寿命长、节能环保等优点，且能满足无机房电梯的设置要求，因此在城市轨道交通车站中被广泛采用。

扫一扫

车站电梯系统

指点迷津

《地铁设计规范》（GB 50157—2013）中规定，地铁车站应选用无机房电梯，当无法满足无机房电梯布置要求时，宜选用液压电梯。

曳引驱动电梯依靠曳引绳与曳引轮槽间的摩擦力驱动，其曳引传动关系如图 2-1 所示。安装在电梯井道顶部的电动机与减速器、制动器、曳引轮等共同构成曳引机。曳引绳通过曳引轮一端连接轿厢，一端连接对重装置，轿厢与对重装置的重力使曳引绳紧压在曳引轮槽内。电动机带动曳引轮转动，在摩擦力的作用下，曳引绳即可拖动轿厢和对重装置做相对运动，从而实现轿厢的上升与下降。

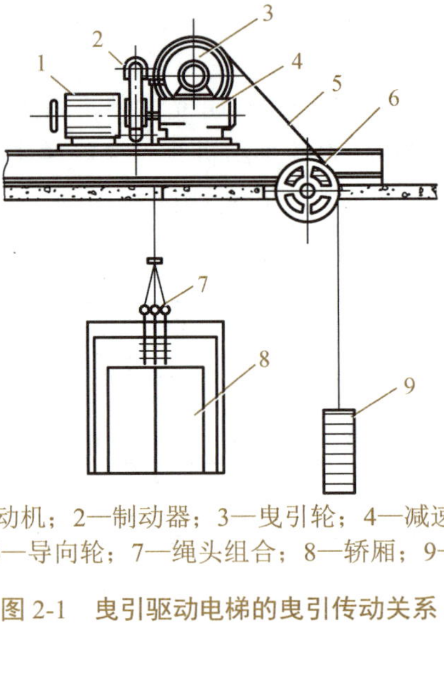

1—电动机；2—制动器；3—曳引轮；4—减速器；
5—曳引绳；6—导向轮；7—绳头组合；8—轿厢；9—对重装置。

图 2-1　曳引驱动电梯的曳引传动关系

二、电梯的设置要求

为了确保舒适性与安全性，城市轨道交通车站电梯的设置应当满足以下要求：

（1）电梯的配置应方便残障乘客使用。

（2）电梯的操作装置应易于识别、便于操作。

（3）电梯应接受车站环境与设备监控系统的监控。

（4）当车站发生火灾时，电梯在接收到消防指令后应能自动运行到设定层，并打开轿厢门和层门。

（5）轿厢内应设有专用通信设备，保证轿厢内的乘客能够与外界通信联络，且应实现车站控制室、轿厢、控制柜或机房之间的三方通话功能。

（6）轿厢内应设有视频监控装置。

（7）电梯应具有停电紧急救援功能。

（8）电梯井道内不应布置与电梯无关的管线。

三、电梯的结构

曳引驱动电梯的结构如图 2-2 所示，具体可以分为曳引系统、导向系统、门系统、轿厢系统、质量平衡系统、电气控制系统、安全保护系统等。

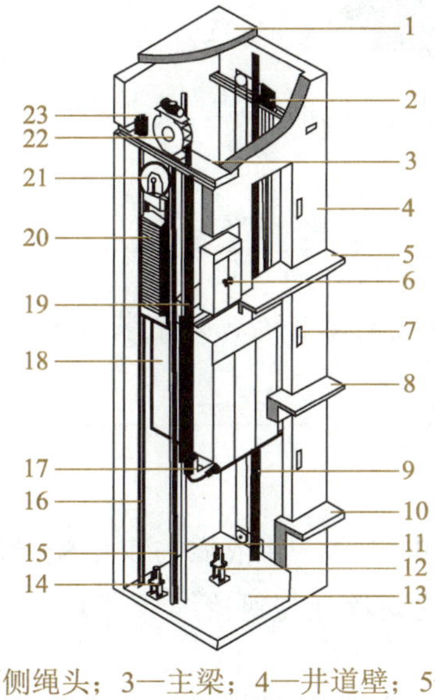

1—井道天花板；2—轿厢侧绳头；3—主梁；4—井道壁；5—顶层楼面；6—控制柜；
7—呼梯盒；8—中间层楼面；9—右主导轨；10—底层楼面；11—左主导轨；12—轿厢缓冲器；
13—底坑地面；14—对重装置缓冲器；15—左对重导轨；16—右对重导轨；17—轿厢返绳轮；
18—轿厢；19—曳引绳；20—对重装置；21—对重装置返绳轮；22—曳引机；23—对重侧绳头。

图 2-2　曳引驱动电梯的结构

（一）曳引系统

曳引系统主要由曳引机、曳引绳、导向轮和反绳轮等构成，其作用是产生并传递动力，使电梯运行。

1. 曳引机

曳引机又称电梯主机，是指包括电动机、制动器、曳引轮在内的，依靠曳引绳与曳引轮槽间的摩擦力驱动电梯或使电梯停止的装置。

扫一扫

曳引机

根据动力传动方式不同，曳引机可以分为有齿轮曳引机（见图 2-3）与无齿轮曳引机（见图 2-4）。有齿轮曳引机的动力通过减速器传递到曳引轮上，减速器通常采用蜗轮蜗杆传动。无齿轮曳引机的动力不通过减速器而是直接传递到曳引轮上，该类型的曳引机体积小、重量轻，可以实现无机房电梯的设置。

图 2-3　有齿轮曳引机

图 2-4　无齿轮曳引机

指点迷津

曳引机与供电系统、速度反馈装置、调速装置等共同构成电力拖动系统，可以对电梯的运行速度进行控制。

2. 曳引绳

曳引绳用于连接轿箱和对重装置，并依靠与曳引轮槽间的摩擦力驱动轿厢升降。根据材质的不同，曳引绳可以分为钢丝绳与包覆绳（带）。

3. 导向轮

导向轮安装在曳引架或承重梁上，能够增大轿厢与对重装置之间的距离，改变曳引绳拉力的作用方向，使曳引绳拉力垂直作用于轿厢和对重装置。

4. 反绳轮

反绳轮是设在轿厢架或对重架上的动滑轮，可以根据需要将曳引绳绕过反绳轮，构成不同的曳引比（曳引绳的速度与轿厢的速度之比），从而减小曳引机的输出功率和力矩，提高曳引系统的运行效率。

（二）导向系统

导向系统由导轨支架、导轨（见图 2-5）和导靴（见图 2-6）等构成。导轨支架固定在井道壁上，导轨安装在导轨支架上，导靴安装在轿厢架和对重架上。导靴与导轨配合，限制轿厢和对重装置的运动方向，使轿厢和对重装置只能沿着导轨升降。

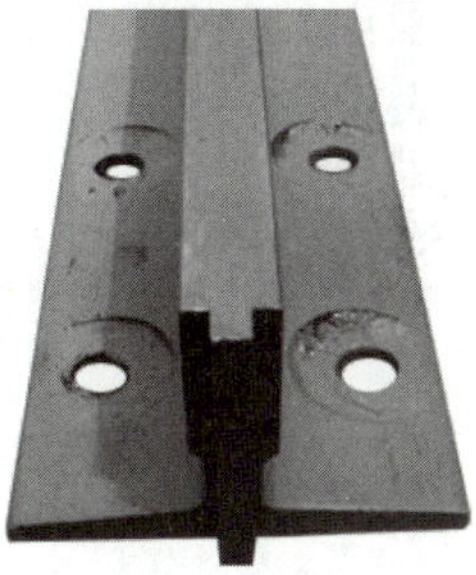

图 2-5　导轨

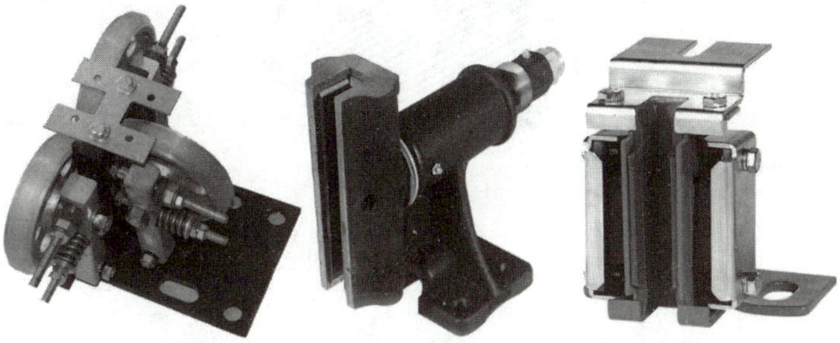

图 2-6　导靴

（三）门系统

门系统由轿厢门、层门、门机（见图 2-7）、联动机构、门锁装置（见图 2-8）等构成。轿厢门与层门分别设在轿厢入口与层站（各楼层中用于轿厢出入的地点）入口，按照结构形式可以分为中分门、旁开门、垂直滑动门、铰链门等，城市轨道交通车站中的客用电梯多采用中分门。门机设在轿厢门顶部，是启闭轿厢门和层门的动力源。门锁装置设置在层门顶部，能够使层门关闭后锁紧。

图 2-7　门机

图 2-8　门锁装置

（四）轿厢系统

轿厢系统由轿厢架和轿厢体构成，用于运载乘客或其他荷载。轿厢架是轿厢体的承重构架，由上横梁、立柱、底梁和斜拉杆等构成，根据结构的不同可以分为对边形轿厢架与对角形轿厢架，如图 2-9 所示。轿厢体由轿厢底、轿厢壁、轿厢顶等构成。

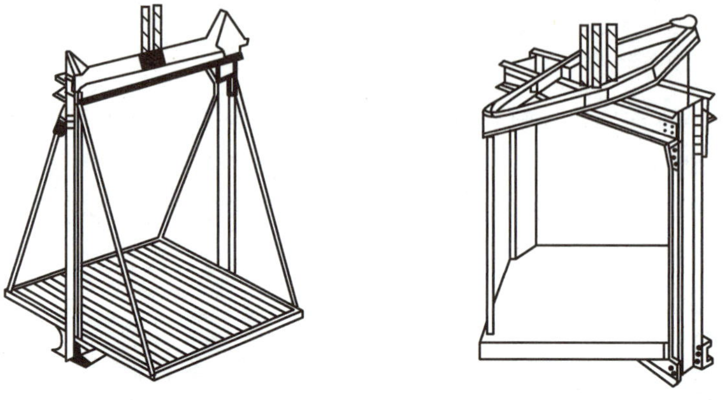

对边形轿厢架　　对角形轿厢架

图 2-9　轿厢架的类型

（五）质量平衡系统

质量平衡系统由对重装置和补偿装置构成，其设计原理图如图 2-10 所示。对重装置用于构成曳引条件，并平衡部分额定载重，其外观如图 2-11 所示。补偿装置根据材料与结构的不同可以分为补偿链装置和补偿绳装置，用于补偿电梯运行时因曳引绳长度变化造成的轿厢和对重装置两侧重量不平衡。

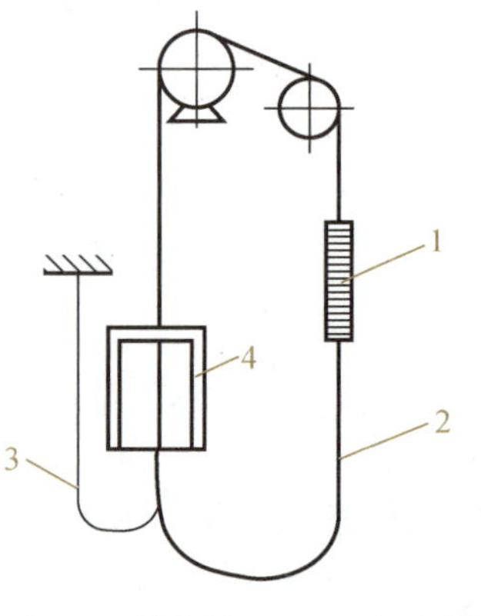

1—对重装置；2—补偿链；3—随行电缆；4—轿厢。

图 2-10　质量平衡系统的设计原理图

图 2-11　对重装置的外观

（六）电气控制系统

电气控制系统由操纵装置、控制柜（见图 2-12）、平层装置等构成，用来操纵和控制电梯运行。

图 2-12　控制柜

操纵装置包括轿厢内的操纵箱（见图 2-13）、层门旁的呼梯盒（见图 2-14）、轿厢顶和机房中的检修箱或应急操纵箱等。控制柜安装在机房中（无机房电梯的控制柜可以灵活设置，如安装在井道内或层门边），控制柜内有各种电子元器件，承担电梯的信号逻辑管理和速度控制。平层装置是指在平层区域内使轿厢准确平层的装置。

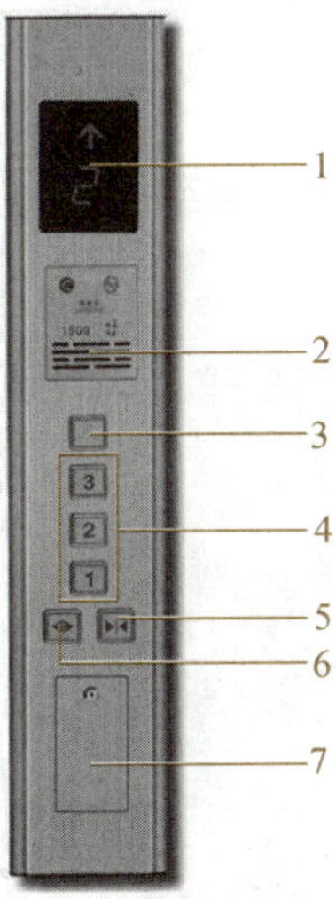

1—楼层与运行方向指示灯；2—对讲机；3—应急警铃按钮；
4—楼层指令按钮；5—关门按钮；6—开门按钮；7—暗盒。

图 2-13　操纵箱

图 2-14　呼梯盒

指点迷津

平层是指轿厢在到达目标楼层的停靠站时，使轿厢地坎平面与层门地坎平面处于同一平面的运动。

（七）安全保护系统

安全保护系统包括限速装置、缓冲器、端站保护装置等，为电梯的运行提供安全保障。

1. 限速装置

限速装置由限速器（见图 2-15）和安全钳（见图 2-16）构成。当轿厢的运行速度超过额定速度时，限速器会立即发生作用，切断电气控制回路，使轿厢停止运行；若轿厢仍未停止运行，两侧的安全钳就会发生作用，使轿厢制动。

图 2-15　限速器

图 2-16　安全钳

2. 缓冲器

缓冲器安装在底坑地面上，如图 2-17 所示。当轿厢或对重装置触底时，缓冲器可以吸收轿厢或对重装置的动能。

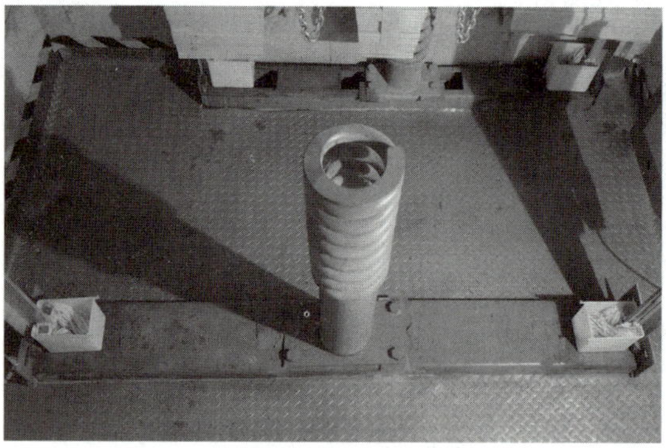

图 2-17　安装在底坑地面的缓冲器

3. 端站保护装置

端站保护装置是一组防止电梯超越上、下端站（最高或最低的轿厢停靠站）的开关，能够在轿厢或对重装置碰到缓冲器前切断控制回路或总电源。

四、电梯的操作

（一）使用前准备

在使用电梯前，需要做好如下工作：

（1）检查各层站是否有漏水漏电现象。

（2）确认乘客须知、报警号码等关键信息清楚。

（3）确认警铃功能完好，报警电话畅通且声音清晰。

（4）试乘电梯至所有层站，确认无异常情况。

（5）检查操纵箱、呼梯盒的按钮功能是否正常，指示灯显示内容是否正确。

（6）确认轿厢及层门地坎清洁无异物。

（7）观察开门、防夹、照明、通风、平层等功能是否正常，确认电梯在运行时无异响异味。

（二）开启与关闭

1. 电梯的开启

在电梯的基站找到呼梯盒，将钥匙插入基站锁（见图 2-18）中，并旋转至“0”（或“运行”“ON”“RUN”等）位，然后将钥匙拔出，即可开启电梯。

图 2-18　基站锁

指点迷津

基站是指轿厢无投入运行指令时停靠的层站，一般位于乘客进出最多并方便撤离的层站或下端站。

2. 电梯的关闭

进入轿厢，确认轿厢内无乘客后，按相应的楼层指令按钮到达基站。走出轿厢，找到呼梯盒。将钥匙插入基站锁并旋转至“1”（或“停止”“OFF”“STOP”等）位，电梯将重新开关门一次。确认轿厢门与层门关闭后，将钥匙拔出即可。

五、电梯事故处理与救援

（一）突发事故处理

如果遇到电梯停电，应劝乘客保持冷静，告知乘客待恢复供电后，电梯就能正常运行。还应告诫乘客不能强行打开轿厢门，以免电梯的平衡系统被破坏，导致轿厢突然下降或上升，从而造成严重后果。

如果遇到水灾，电梯被侵入井道的水淋湿，应立即切断电梯的电源。电梯内如有乘客被困，应先将乘客救出。在水灾过后，电梯再次运行前，要先联络专业人员对电梯进行全面检查。

如果遇到火灾，应在确认轿厢内无人后，切断电梯的电源开关，避免乘客乘坐电梯逃生。对于有消防开关的电梯，在火灾发生时，应及时按下消防开关，使电梯自动返回基站后打开轿厢门并停止运行。

（二）乘客被困轿厢内时的救援

如果电梯发生故障导致乘客被困轿厢内，应按照如下程序处理：

（1）现场或首先赶到现场的工作人员向车站控制室报告事故情况，然后安抚乘客。

（2）行车值班员通知值班站长和维修人员到现场处理。

（3）值班站长到现场指挥处理设备维修与救援工作。

（4）客运值班员协助值班站长处理事故，并维持现场秩序。

乘客被困轿厢内时的救援步骤如下：

（1）工作人员接到求救信息后与乘客沟通，确认轿厢停止的位置和被困乘客的数量，告知乘客不得自行打开轿厢门。

（2）救援人员带上基站锁钥匙、控制柜钥匙与三角钥匙尽快赶到现场。

（3）救援人员确认轿厢停止的位置，并与乘客沟通，告诉其在救援期间电梯可能会启动和停止若干次，要求乘客保持镇静。

（4）放置暂停服务的警示牌。

（5）如果轿厢未停在平层区，应通过控制柜移动轿厢至最近的平层区，然后断开主电源。若无法通过控制柜移动轿厢，则应先断开主电源，然后通过手动紧急操作装置（如手动盘车，见图 2-19）移动轿厢至最近的平层区。

图 2-19　手动盘车

指点迷津

电梯的型号不同，移动轿厢的操作方法也有所不同。在移动轿厢时，应严格按照电梯制造商提供的指导文件中的要求进行操作。

（6）前往轿厢停止的层站，用三角钥匙打开层门（见图 2-20），手动打开轿厢门，将乘客救出。

图 2-20　用三角钥匙打开层门

（7）救出乘客后关闭层门。

若遇到其他复杂情况，如安全钳已发生作用或曳引绳脱离槽位等，则应在专业人员的指示下进行处理，必要时可请求消防部门支援。

任务二 自动扶梯的操作与故障处理

任务引入

广州地铁1号线东山口站建于20世纪90年代，当时受各种客观条件限制，该站D出口未安装自动扶梯。多年来，该出口的77级台阶为不少乘客的出行带来了不便。2021年，该出口的改造工程提上了日程。

对一条已经运行了20多年的地铁站出口进行改造并不像想象的那么容易。受征地拆迁、管线迁改等条件限制，该出口建设空间不足，加装自动扶梯非常困难；而且该出口位于某大厦下面，加装自动扶梯需要在该大厦下方挖基坑。出口改造看似是一个小工程，却涉及从规划、设计、实施到报批等城市建设的全流程。

在广州市政府办公厅的积极协调下，该出口的改造工程最终选用了施工难度较大但功能最优的加装双向自动扶梯方案。2023年5月15日，东山口站D出口两台新加装的自动扶梯正式投入使用。改造后，乘客无须从楼梯步行即可轻松进出地铁站，出行便捷程度得到了有效提升。

（资料来源：贾政、魏丽娜，《破解多重难题 77级楼梯“消失”了》，《广州日报》，2024年1月22日）

思考：

（1）与电梯相比，自动扶梯有哪些优缺点？

（2）自动扶梯由哪些部分构成？

（3）操作自动扶梯时需要注意哪些事项？

任务工单

任务名称：__________ 班　级：__________ 学　时：__________

姓　名：__________ 学　号：__________ 实训场地：__________

任务描述：

全班学生以小组为单位，在教师的指导下完成自动扶梯的开启、关闭、转换运行方向、紧急停止等操作。

任务目的：

（1）熟悉自动扶梯的结构。

（2）掌握自动扶梯的常用操作。

一、知识储备

阅读任务引入中的案例，思考任务引入中提出的问题，带着问题学习相关知识，并完成以下练习题。

1. 填空题

（1）自动扶梯的__________部分用于安装自动扶梯，并确定各零部件的位置。

（2）自动扶梯的梯路部分包括梯级、____________、____________等，用于斜向运送乘客。

（3）如果自动扶梯反向运动，可以通过查看控制柜中的____________确定故障原因并报修。

2. 判断题

（1）启动自动扶梯时，一只手旋转钥匙，另一只手要放在急停按钮上，当出现异常情况时，及时按下急停按钮。（　　）

（2）自动扶梯开启后要试运转 5～10 min。（　　）

（3）【竞赛题】发生火灾时，停止运行的自动扶梯不能作为普通楼梯疏散乘客。（　　）

3. 简答题

（1）在使用自动扶梯前，需要做好哪些准备工作？

（2）自动扶梯卷入异物时，应当怎样处理？

二、任务分工

全班学生自由分组，每组 3～5 人，从中选出一名组长，由组长负责任务分工、过程记录、结果整理等工作。组长将小组成员的姓名与任务分工情况填入表 2-4 中。

表 2-4　小组成员的姓名与任务分工情况

成员姓名		任务分工
组长		
组员		

三、任务实施

（1）各小组在教师的指导下，参照表 2-5 完成自动扶梯的实操，并以拍摄图片或视频的方式记录实操过程。

表 2-5　自动扶梯的实操情况

操作项目	操作过程
开启自动扶梯	
关闭自动扶梯	
转换运行方向	
紧急停止	
遇到的问题和解决方案：	
需要改进和提升的方面：	

（2）操作完成后，小组成员观看拍摄的图片或视频，然后分析操作过程中遇到的问题和需要改进、提升的方面，并将表 2-5 中的答案补充完整。

（3）各小组派代表在课堂上讲解自己小组的实操过程、遇到的问题与解决方案、需要改进和提升的方面。教师和其他小组成员进行点评。

四、任务评价

教师抽查各小组中任意一名成员的任务工单，然后根据各小组的汇报情况、任务工单的抽查结果和表 2-6，对各小组进行打分。学生根据自己所在小组的得分和自己在任务实施过程中的表现进行自我评价。

表 2-6　任务评价表

评价内容	分值	教师评分	自我评价
分工明确，任务完成度高	25		
任务工单填写认真，字迹工整，答案正确	25		
操作熟练，操作步骤规范	25		
汇报流畅，语言清晰，举止大方	25		
合计	100		

相关知识

一、自动扶梯的结构与工作原理

自动扶梯是指带有循环运行梯级，用于向上或向下倾斜运送乘客的固定电力驱动设备。与电梯相比，自动扶梯能连续运送乘客，运输效率高，且在紧急情况下（如发生火灾）停止运行时可作为普通楼梯疏散乘客。但是自动扶梯也有运行速度较慢、能量损失较大、造价较高等缺点。

（一）自动扶梯的结构

自动扶梯的结构（见图 2-21）可以分为框架部分、动力驱动部分、梯路部分、控制部分等。

框架部分包括桁架、上部与下部床盖板、梳齿板、护壁板、栏杆、围裙板等，用于安装自动扶梯，并确定各零部件的位置；动力驱动部分包括驱动主机、转向链轮、扶手驱动装置等，用于完成梯路的循环运转；梯路部分包括梯级、梯级链、梯级导轨等，用于斜向运送乘客；控制部分包括控制柜、操作面板等，用于控制自动扶梯的开关、运行方向、运行速度等。

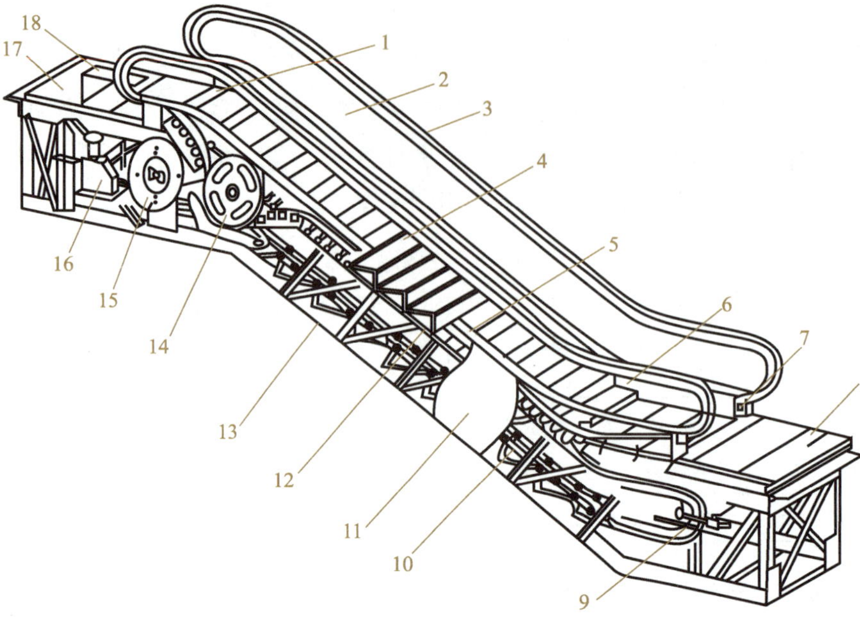

1—梳齿板；2—护壁板；3—扶手带；4—梯级；5—栏杆（内外盖板）；6—围裙板；
7—操作面板；8—下部床盖板；9—下转向部；10—梯级导轨；11—外装饰板；12—梯级链；
13—桁架；14—扶手驱动装置；15—转向链轮；16—驱动主机；17—上部床盖板；18—控制柜。

图 2-21 自动扶梯的结构

（二）自动扶梯的工作原理

自动扶梯的一系列梯级由两根梯级链连接在一起，在沿一定线路布置的导轨上运行，形成梯路。梯级链由驱动主机带动，并绕过转向链轮与下转向部构成闭合环路，该环路的上分支中的各个梯级保持水平，供乘客站立。梯路两侧设有同步运行的扶手装置，扶手装置与护壁板共同为乘客提供安全防护。

二、自动扶梯的操作

（一）使用前准备

在使用自动扶梯前，需要做好如下工作：

（1）检查自动扶梯周围的安全设施（包括三角区的护板、带隔板的围栏等，如图 2-22 所示）有无破损或其他异常情况。

（2）检查梯级与梯级、梳齿板与围裙板、围裙板与梯级间的间隙，清除夹在里面的碎纸、小石子、口香糖等异物。

（3）检查自动扶梯的急停按钮（见图 2-23）是否处于发生作用的状态。

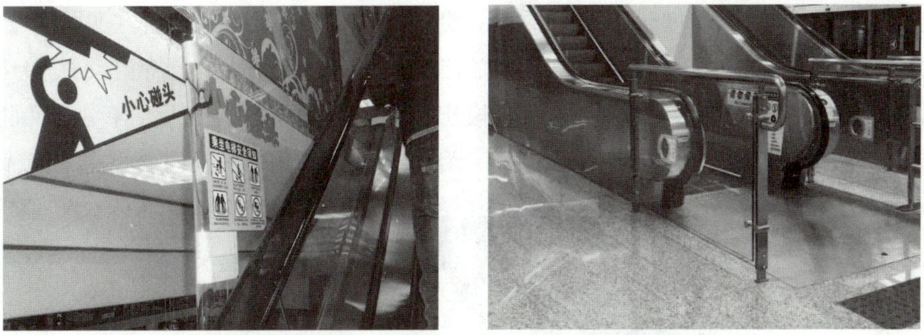

三角区的护板　　带隔板的围栏

图 2-22　自动扶梯周围的安全设施

图 2-23　自动扶梯的急停按钮

（二）开启自动扶梯

自动扶梯的开启步骤如下：

（1）将钥匙插入自动扶梯操作面板上的报警停止开关（见图 2-24），然后将钥匙旋转至“ALARM”（或“蜂鸣”等）位，鸣响警笛，告诉附近的乘客自动扶梯即将运行。松手后钥匙自动回到中央位置，将钥匙拔出。

图 2-24　报警停止开关

（2）确认自动扶梯的梯级上没有乘客，然后将钥匙插入运行开关（见图 2-25）并旋转至需要运行的方向（“UP”或“DOWN”），即可启动自动扶梯。待自动扶梯运行稳定后松手，钥匙自动回到中央位置，将钥匙拔出。需要注意的是，启动自动扶梯时，一只手旋转钥匙，另一只手要放在急停按钮上，当出现异常情况时，及时按下急停按钮。

图 2-25　运行开关

（3）让自动扶梯试运转 5～10 min，以观察其是否正常转动，其间测试急停按钮的功能是否正常。测试完毕，将急停按钮恢复至正常状态。

（三）关闭自动扶梯

自动扶梯的关闭步骤如下：

（1）清空自动扶梯上的乘客，不允许乘客乘坐该自动扶梯。

（2）将钥匙插入报警停止开关并旋转至“ALARM”（或“蜂鸣”等）位，鸣响警笛，告诉附近的乘客自动扶梯即将关闭。

（3）将钥匙旋转至“STOP”位，自动扶梯停止运行。松手后，钥匙自动回到中央位置，将钥匙拔出。

（4）在自动扶梯出入口处设置警示标识和护栏，防止乘客将自动扶梯当作楼梯使用，如图 2-26 所示。

图 2-26　设置警示标识和护栏

（5）检查并清扫梯级、扶手、梳齿板、围裙板等。

（四）转换运行方向

转换自动扶梯的运行方向时，应先按照相应步骤关闭自动扶梯，待其完全停止运行后，再将钥匙插入运行开关，旋转至需要运行的方向。

（五）紧急停止

如果自动扶梯运行出现异常，或有乘客在乘坐自动扶梯时跌倒，应及时按下急停按钮，同时大声提醒乘客自动扶梯紧急停止，请抓紧扶手。处理完相关事故后，在重新启动自动扶梯之前，要先对该自动扶梯进行检修。

指点迷津

工作人员在操作自动扶梯时，要注意以下事项：① 乘客在未启动的自动扶梯上时，不能启动自动扶梯；② 乘客在运行中的自动扶梯上时，除发生紧急情况外，不能关闭自动扶梯；③ 在自动扶梯运行过程中，要将钥匙拔出。

扫一扫

使用自动扶梯的安全常识

三、自动扶梯的常见故障处理

自动扶梯的常见故障与处理办法如表 2-7 所示。

表 2-7　自动扶梯的常见故障与处理办法

常见故障	处理办法
电源发生故障	（1）用扩音器引导乘客安全疏散 （2）当电源恢复正常时，按照相应步骤开启自动扶梯
异响、异味或冒烟	立即关闭自动扶梯，疏散乘客，通知维修人员检修
无法启动或突然停止运行	（1）停用自动扶梯，并在自动扶梯的出入口处设置警示标识和护栏 （2）查看控制柜中的故障显示盘，明确故障原因并报修
卷入异物	（1）立即按下急停按钮，疏散自动扶梯上的乘客 （2）设置警示标识和护栏，以阻止乘客使用该自动扶梯 （3）设法取出异物并通知维修人员检修
反向运动	（1）立即按下急停按钮，将受伤的乘客转移到安全的地方，并上报事故情况 （2）设置警示标识和护栏，以阻止乘客使用该自动扶梯 （3）查看控制柜中的故障显示盘，明确故障原因并报修

任务三 轮椅升降机的操作与故障处理

任务引入

北京地铁 1 号线、2 号线等线路建设较早，无障碍设施相对落后，许多车站没有配备无障碍电梯。为了给残障人士出行提供便利，这些车站配备了轮椅升降机，这使得地铁成为轮椅使用者徐某出行的首要选择。

某天上午，徐某乘坐地铁前往 1 号线五棵松站。到达五棵松站后，在站务员的引导下，徐某来到了配备轮椅升降机的楼梯出口。站务员把轮椅升降平台降到底部并打开，将徐某的轮椅推上平台并固定，然后操纵轮椅升降机缓缓上楼。“虽然运行速度有点慢，但是很平稳，坐在上面感觉不到晃动。以往我乘坐地铁出行，都会避开 1 号线和 2 号线，尽可能选择新线路。现在有了轮椅升降机，解决了我上下楼梯不便这一难题。”徐某说。

北京地铁公司介绍，北京地铁许多车站在 2008 年之前就配备了轮椅升降机等服务残障人士的设备。经过多年的使用，这些设备普遍存在磨损、承载能力不足等问题。于是北京地铁公司实施了设备更新改造项目，更新并补充了一定数量的轮椅升降机。此外，地铁站还设置了醒目的无障碍服务标识及预约服务电话，公布了无障碍接力服务流程，确保残障乘客能全程获得帮助。

（资料来源：李博、袁璐，《北京地铁轮椅升降平台更新后新体验 坐轮椅乘地铁感觉还行》，《北京晚报》，2022 年 3 月 30 日）

思考：

（1）轮椅升降机由哪些部分构成？有哪些操作方式？

（2）轮椅升降机在使用过程中可能会发生哪些故障？应怎样处理？

任务工单

任务名称：＿＿＿＿＿＿＿　班　　级：＿＿＿＿＿＿＿　学　　时：＿＿＿＿＿＿＿
姓　　名：＿＿＿＿＿＿＿　学　　号：＿＿＿＿＿＿＿　实训场地：＿＿＿＿＿＿＿

任务描述：

全班学生分组讨论、分析任务引入中提出的问题，达成一致意见后，以小组为单位在课堂上汇报讨论结果与任务实施过程。

任务目的：

（1）熟悉轮椅升降机的结构。

（2）掌握轮椅升降机的操作与常见故障处理。

一、知识储备

阅读任务引入中的案例，思考任务引入中提出的问题，带着问题学习相关知识，并完成以下练习题。

1．填空题

（1）轮椅升降机一般由＿＿＿＿＿＿＿、＿＿＿＿＿＿＿、驱动与牵引系统、操作装置、充电装置、安全装置等构成。

（2）＿＿＿＿＿＿＿牵引系统结构较为复杂，但摩擦损耗较小，适用于高度较高、转弯较多的楼梯。

（3）轮椅平台上下运行不正常的原因可能是＿＿＿＿＿＿＿或＿＿＿＿＿＿＿上有异物。

2．判断题

（1）城市轨道交通车站多采用自助式轮椅升降机。（　　）

（2）直流电机驱动的轮椅升降机不需要设置充电装置。（　　）

（3）如果轮椅升降机在乘客使用过程中发生故障，工作人员可以使用紧急下降装置将平台运行到下端部，解救被困乘客。（　　）

3．简答题

简述操作轮椅升降机时的注意事项。

二、任务分工

全班学生自由分组，每组 3～5 人，从中选出一名组长，由组长负责任务分工、过程记录、结果整理等工作。组长将小组成员的姓名与任务分工情况填入表 2-8 中。

表 2-8　小组成员的姓名与任务分工情况

成员姓名		任务分工
组长		
组员		

三、任务实施

（1）以小组为单位，根据任务引入、任务描述和本任务所学知识分析表 2-9 中的问题，达成一致意见后，各小组成员填写该表。

表 2-9　需要分析的问题与填写的答案

需要分析的问题	填写的答案
轮椅升降机由哪些部分构成？各部分分别具有哪些功能？	
怎样使用他助式轮椅升降机运送乘客？	
轮椅升降机在使用过程中可能会发生哪些事故？应怎样处理？	
补充与修改：	

（2）各小组派出代表在课堂上汇报自己小组的讨论结果与任务实施过程，并解答其他小组成员提出的问题。教师对各小组的汇报情况进行点评。

（3）小组成员结合教师的点评和其他小组的汇报内容，对自己填写的答案进行必要的补充与修改。

四、任务评价

教师抽查各小组中任意一名成员的任务工单，然后根据各小组的汇报情况、任务工单的抽查结果和表 2-10，对各小组进行打分。学生根据自己所在小组的得分和自己在任务实施过程中的表现进行自我评价。

表 2-10　任务评价表

评价内容	分值	教师评分	自我评价
分工明确，任务完成度高	25		
任务工单填写认真，字迹工整，答案正确	25		
汇报流畅，语言清晰，举止大方	25		
能够正确解答其他小组成员提出的问题	25		
合计	100		

相关知识

一、轮椅升降机的结构

轮椅升降机（见图 2-27）又称无障碍升降机、斜挂式轮椅升降平台、轮椅斜挂机、楼道升降机等，是一种设置在楼梯旁，用于运送乘坐轮椅的乘客上下楼梯的设备。轮椅升降机一般由轮椅平台、导轨、驱动与牵引系统、操作装置、充电装置、安全装置等构成。

图 2-27　轮椅升降机

（一）轮椅平台

轮椅平台的主体是钢结构，包括底板、安全护栏、安全扶手、安全挡板等，用于约束轮椅，使轮椅在轮椅升降机运行时始终被限制在固定位置。乘客乘坐轮椅升降机到达指定位置后，轮椅平台的安全挡板会自动放下，供轮椅通行。在无人使用时，可将轮椅平台折叠，节省空间，以方便其他乘客通行，如图 2-28 所示。

图 2-28　折叠起来的轮椅升降平台

（二）导轨

导轨固定在楼梯的侧面，用于支撑轮椅平台，并为轮椅平台的升降提供固定的路径。

（三）驱动与牵引系统

轮椅升降机可采用交流电机驱动或直流电机驱动。牵引系统的常见传动方式有绳球链牵引式、滚轮式和齿轮齿条传动式三种。

绳球链牵引式牵引系统一般采用交流电机驱动，驱动装置安装在楼梯上端。绳球链由高强度钢球和轴承构成，位于空心导轨中。当电机转动时，牵引绳循环运动，通过绳球链的作用牵引轮椅平台升降。该类型的牵引系统结构简单，价格便宜，维护方便，但摩擦损耗较大，运行速度慢，适用于高度不高、转弯较少的楼梯。

滚轮式牵引系统由电机提供动力，通过传动机构将动力传递给滚轮，使滚轮旋转；滚轮与轨道之间有一定摩擦力，在滚轮旋转时，摩擦力使得轮椅平台在轨道上运动，从而实现轮椅平台的升降。该类型的牵引系统结构较为复杂，但摩擦损耗较小，适用于高度较高、转弯较多的楼梯。

齿轮齿条传动式牵引系统的电机安装在轮椅平台支承架内，导轨上装有齿条，通过电机带动齿轮在齿条上滚动，实现轮椅平台的升降。该类型的牵引系统结构紧凑，能够实现快速、平稳的升降运动，适用于各种类型的楼梯，但振动噪声较大。

（四）操作装置

轮椅升降机一般采用微机控制方式，通过操作箱、遥控器、手柄等操作装置实现对轮椅升降机的各种控制，如轮椅平台的收放、召唤和返回，安全护栏的收放等。

（五）充电装置

直流电机驱动的轮椅升降机设有充电装置，该装置可以将交流电整流成直流电后为蓄电池充电，以驱动电机运行。

（六）安全装置

安全装置由多个安全回路构成，包括前后挡板开关、底板保护开关、侧面挡板开关、导轨保护开关、失速开关、急停按钮等，为轮椅升降机的运行提供安全保障。

二、轮椅升降机的操作方式

轮椅升降机的操作方式可分为自助式操作与他助式操作。

（一）自助式操作

自助式操作是指由乘客自行操作。配备了自助式轮椅升降机的楼梯，其上下端均设有操作箱，乘客只需按下操作箱上的使用开关，轮椅平台即可运行至使用端，然后自动打开，供乘客使用。

（二）他助式操作

他助式操作是指由他人协助操作，如图 2-29 所示。配备了他助式轮椅升降机的楼梯，其上下端也设有操作箱，操作箱上设有对讲机。乘客在使用轮椅升降机时，需先通过对讲机与工作人员取得联系，然后由工作人员控制轮椅平台运行并协助乘客上下轮椅平台。他助式操作安全性高，易于管理，因此城市轨道交通车站多采用他助式轮椅升降机。

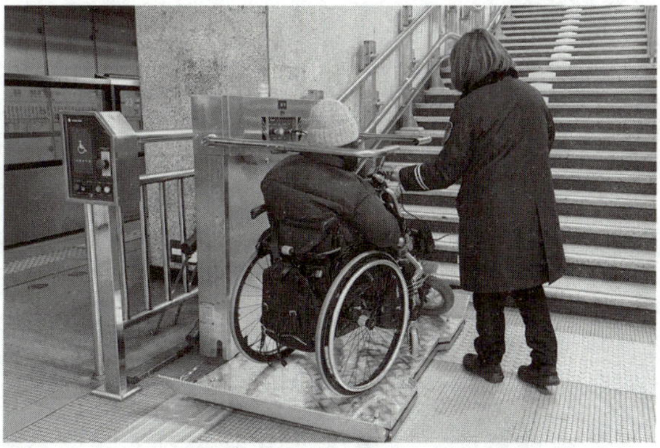

图 2-29　由他人协助操作

在操作轮椅升降机时，要注意限载重量，切勿超载使用。确认楼梯或导轨上无障碍物，且乘客已坐稳后，方可启动轮椅升降机。在轮椅升降机运行过程中，工作人员不可手拉安全护栏或脚踩底板。

三、轮椅升降机的常见故障处理

轮椅升降机的常见故障、故障原因与处理办法如表 2-11 所示。

表 2-11　轮椅升降机的常见故障、故障原因与处理办法

常见故障	故障原因	处理办法
轮椅平台折叠后不能打开	电源未打开	打开电源
	运行开关未打开	用专用钥匙打开运行开关
	蓄电池电量不足	运行至充电位置并充电
轮椅平台上下运行不正常	导轨或楼梯上有异物	检查导轨与楼梯，清除异物
	蓄电池电量不足	运行至充电位置并充电
	安全装置未复位	检查各安全回路并将安全装置复位
	设备线路有问题	联系厂家检修
安全护栏或安全挡板不能抬起	轮椅平台未运行到位	向反方向运行一段距离后再返回，确保轮椅平台运行到位
轮椅平台不能折叠		

如果轮椅升降机在使用过程中发生故障，工作人员可以使用紧急下降装置（emergency landing device, ELD）将轮椅平台运行到楼梯下端，解救被困乘客，然后通知专业维修人员检修。紧急下降装置放置在车站的车站控制室内，可以控制轮椅升降机缓慢向下行驶、松开刹车、打开安全挡板等。

素养提升馆

用法律架起无碍桥梁

无障碍环境建设是保障残疾人、老年人等群体平等、充分、便捷地参与和融入社会生活，促进全民共享经济社会发展成果的一项重要工作，对于促进社会融合和人的全面发展具有重要意义。2023 年 9 月 1 日，我国第一部为无障碍环境建设制定的专门性法律《中华人民共和国无障碍环境建设法》（以下简称《无障碍环境建设法》）正式施行，为无障碍环境建设提供了积极引导。

在徐州地铁户部山站外，肢残人士高先生拨通了地铁“爱心热线”。在工作人员的帮助下，从进站、购票、安检、乘车到出站，无障碍设施与无障碍服务贯穿始终。高先生说：“我以前对乘坐地铁有种畏惧感，总认为不太方便。通过这次体验，我才发现地铁站的无障碍设施非常完备，相关服务也十分到位。”截至2023年9月，徐州地铁全线网54个车站都设有无障碍电梯、无障碍卫生间等设施。

《无障碍环境建设法》第十二条明确指出，公共场所、交通运输设施的无障碍设施应当与主体工程同步规划、同步交付使用。除了无障碍设施建设外，《无障碍环境建设法》还在无障碍信息交流、无障碍社会服务、保障措施、监督管理等方面做出了明确规定。

专家认为，无障碍环境建设是一项综合性的系统工程，涉及多领域、多部门、多主体，需要全社会齐抓共管。江苏省肢残人协会副主席郑某表示：“残疾人是无障碍环境建设的最大受益者，但是每一个社会群体都有需要用到无障碍设施的时刻，所以我们希望全社会能共同关注，共同参与，共同发力。”

（资料来源：沈灿、周颖、郭天泓，《记者观察：〈无障碍环境建设法〉9月1日施行，这些改变值得期待！》，荔枝网，2023年8月31日）

学习成果评价

请进行学习成果评价，并将评价结果填入表 2-12 中。

表 2-12 学习成果评价表

<table>
<tr><td>班级</td><td></td><td>组号</td><td></td><td>日期</td><td></td></tr>
<tr><td>姓名</td><td></td><td>学号</td><td></td><td>指导教师</td><td></td></tr>
<tr><td>项目名称</td><td colspan="5">电梯、自动扶梯和轮椅升降机</td></tr>
<tr><td>评价项目</td><td colspan="2">评价内容</td><td>满分</td><td>自我评分</td><td>教师评分</td></tr>
<tr><td rowspan="5">理论知识（40%）</td><td colspan="2">电梯的原理与设置要求</td><td>8</td><td></td><td></td></tr>
<tr><td colspan="2">电梯的结构</td><td>8</td><td></td><td></td></tr>
<tr><td colspan="2">电梯事故处理与救援</td><td>8</td><td></td><td></td></tr>
<tr><td colspan="2">自动扶梯的结构与工作原理</td><td>8</td><td></td><td></td></tr>
<tr><td colspan="2">轮椅升降机的结构</td><td>8</td><td></td><td></td></tr>
<tr><td rowspan="5">实践技能（40%）</td><td colspan="2">能够识别电梯、自动扶梯、轮椅升降机的关键操作部件</td><td>8</td><td></td><td></td></tr>
<tr><td colspan="2">能够进行电梯的开启与关闭操作</td><td>8</td><td></td><td></td></tr>
<tr><td colspan="2">能够进行自动扶梯的开启、关闭、转换运行方向、停止等操作</td><td>8</td><td></td><td></td></tr>
<tr><td colspan="2">能够操作轮椅升降机</td><td>8</td><td></td><td></td></tr>
<tr><td colspan="2">能够处理自动扶梯、轮椅升降机的常见故障</td><td>8</td><td></td><td></td></tr>
<tr><td rowspan="3">综合素养（20%）</td><td colspan="2">具有良好的学习态度</td><td>6</td><td></td><td></td></tr>
<tr><td colspan="2">具有安全意识与规则意识，遵守操作规范</td><td>7</td><td></td><td></td></tr>
<tr><td colspan="2">具有关怀精神，在生活中主动关心弱势群体</td><td>7</td><td></td><td></td></tr>
<tr><td colspan="3">合计</td><td>100</td><td></td><td></td></tr>
<tr><td colspan="3">总分（自我评分×40%+教师评分×60%）</td><td colspan="3"></td></tr>
<tr><td>自我评价</td><td colspan="5"></td></tr>
<tr><td>教师评价</td><td colspan="5"></td></tr>
</table>

项目三 站台屏蔽门

项目引言

站台屏蔽门集计算机技术、微电子技术、传感技术等于一体，将乘客候车区与轨行区隔开，在保护乘客安全、节约车站运营能耗、改善站台候车环境等方面具有显著效果。城市轨道交通服务人员应熟悉站台屏蔽门的结构，掌握不同控制模式下站台屏蔽门开关门作业的操作和常见站台屏蔽门故障的处理流程。

项目目标

本项目的学习目标如下。在学习本项目后，根据自己对知识和技能的掌握情况，以及素质提高情况，进行项目目标评价。

目标	评价内容	评价结果
知识目标	了解站台屏蔽门的类型和功能	□是　□否
	熟悉站台屏蔽门的结构	□是　□否
	了解站台屏蔽门的安装要求	□是　□否
	熟悉站台屏蔽门的三种控制模式	□是　□否
	了解站台屏蔽门故障的处理原则	□是　□否
技能目标	掌握不同控制模式下站台屏蔽门开关门作业的操作	□是　□否
	掌握各类站台屏蔽门故障的处理	□是　□否
素质目标	提高安全管理水平，全力保障乘客的出行安全，筑牢安全防线	□是　□否
	了解宁波轨道交通站务员翁某的事迹，努力夯实业务知识，提高履职能力	□是　□否

任务一 了解站台屏蔽门

任务引入

为了提高地铁站台的安全性，某市地铁 2 号线各车站启动了站台屏蔽门换新工程。

图 3-1 新式站台屏蔽门

相较老式站台屏蔽门，该市地铁 2 号线各车站安装的新式站台屏蔽门（见图 3-1）高度增加到了 1.6 m，能够有效防止乘客跌落至轨行区，从而更好地保障乘客的人身安全和列车的运行安全。

除了安全性更高以外，新式站台屏蔽门外形简约大气，较老式站台屏蔽门更具现代感。同时，新式站台屏蔽门门体上端还设有门头指示灯，在开关门时通过灯光闪烁提醒乘客及时上下车。

此外，新式站台屏蔽门运用的材料、工艺和技术也更加先进，能够有效降低故障率，提高车站的运营效率。

思考：

（1）站台屏蔽门具有哪些功能？

（2）站台屏蔽门的类型有哪些？该市地铁 2 号线各车站安装的新式站台屏蔽门属于哪种类型？

（3）除了门头指示灯以外，站台屏蔽门的门体结构还包括哪些部分？

任务工单

任务名称：__________ 班 级：__________ 学 时：__________

姓 名：__________ 学 号：__________ 实训场地：__________

任务描述：

全班学生以小组为单位，参加站台屏蔽门知识竞赛。

任务目的：

（1）了解站台屏蔽门的类型。

（2）了解站台屏蔽门的功能。

（3）熟悉站台屏蔽门的结构。

（4）了解站台屏蔽门的安装要求。

一、知识储备

阅读任务引入中的案例，思考任务引入中提出的问题，带着问题学习相关知识，并完成以下练习题。

1. 填空题

（1）站台屏蔽门有__________和__________、__________和__________之分。

（2）全高封闭式屏蔽门是指处于关闭状态时能够完全阻隔______________与______________之间气流交换的站台屏蔽门。

（3）门头指示灯亮起时，表示站台屏蔽门处于__________状态；熄灭时，表示站台屏蔽门处于__________状态；闪烁时，表示站台屏蔽门处于__________状态、正在打开或正在关闭。

（4）就地控制盒的英文缩写为__________。

（5）【竞赛题】站台屏蔽门的门本体主要由__________、固定门、__________、端头门等构成。

2. 判断题

（1）半高屏蔽门适用于设有空调系统的地下车站。（　　）

（2）滑动门既可作为乘客上下列车的通道，也可作为乘客疏散通道。（　　）

（3）全高非封闭式屏蔽门的门体结构超过人体高度，且不具有密封性能。（　　）

（4）锁紧机构在断电情况下能够保持锁闭状态。（　　）

（5）站台屏蔽门可以作为防火隔离设施。（　　）

3. 简答题

（1）简述站台屏蔽门的类型。

（2）简述站台屏蔽门的功能。

二、任务分工

全班学生自由分组，每组 3～5 人，从中选出一名组长，由组长负责任务分工、过程记录、结果整理等工作。组长将小组成员的姓名与任务分工情况填入表 3-1 中。

表 3-1　小组成员的姓名与任务分工情况

成员姓名		任务分工
组长		
组员		

三、任务实施

（1）以小组为单位，准备与站台屏蔽门有关的资料和习题。

（2）从每个小组中选出一人担任计分员，记录本组和其他小组的得分及答错的题目，计算各小组的答题准确率。

（3）各小组按顺序轮流出题，其余小组抢答题目，答对得分，答错不扣分。

（4）教师宣布获胜小组。

（5）学生将竞赛过程中自己小组答错或自己不会解答的题目及其正确答案、学习体会和收获填入表 3-2 中。

表 3-2　知识竞赛小结

项目	具体内容
答错或不会解答的题目及其正确答案	
学习体会和收获	

四、任务评价

教师抽查各小组中任意一名成员的任务工单，然后根据各小组的汇报情况、任务工单的抽查结果和表 3-3，对各小组进行打分。学生根据自己所在小组的得分和自己在任务实施过程中的表现进行自我评价。

表 3-3　任务评价表

评价内容	分值	教师评分	自我评价
分工明确，任务完成度高	25		
任务工单填写认真，字迹工整，答案正确	25		
抢答题目积极，答题正确率高	25		
竞赛小结内容详细，学习体会深刻	25		
合计	100		

相关知识

一、站台屏蔽门的类型

站台屏蔽门（platform screen door, PSD）又称站台安全门，是指设置在城市轨道交通车站的站台边缘，将乘客候车区与轨行区相互隔离，并与列车客室门相对应、可多级控制开启与关闭滑动门的连续屏障，有全高和半高、封闭和非封闭之分。站台屏蔽门的相对位置如图 3-2 所示。

1—轨行区；2—站台屏蔽门；3—乘客候车区。

图 3-2　站台屏蔽门的相对位置

（一）全高封闭式屏蔽门

全高封闭式屏蔽门是指处于关闭状态时能够完全阻隔乘客候车区与轨行区之间气流交换的站台屏蔽门，如图 3-3 所示。全高封闭式屏蔽门具有良好的密封性能，一般应用于设有空调系统的地下车站。

图 3-3　全高封闭式屏蔽门

（二）全高非封闭式屏蔽门

全高非封闭式屏蔽门是指门体高度超过人体高度，门体顶部与站台吊顶之间有一段不封闭的空间，处于关闭状态时不能阻隔乘客候车区与轨行区之间气流交换的站台屏蔽门，如图 3-4 所示。全高非封闭式屏蔽门与全高封闭式屏蔽门的结构基本相同，只是全高非封闭式屏蔽门的上部不封闭，下部可以根据需要设置通风口。

图 3-4　全高非封闭式屏蔽门

（三）半高屏蔽门

半高屏蔽门是指门体高度不大于 2 m，其上部空间无设施，处于关闭状态时不能阻隔乘客候车区与轨行区之间气流交换的站台屏蔽门，图 3-1 和图 3-2 所示的站台屏蔽门均为半高屏蔽门。半高屏蔽门不具有密封性能，安装简单、便捷，造价相对较低。

课堂活动

你见过哪些类型的站台屏蔽门？这些站台屏蔽门分别具有哪些特点？请同学们讨论分享。

二、站台屏蔽门的功能

站台屏蔽门作为乘客候车区与列车之间的可控通道，一般具有以下功能：

（1）提高乘客候车的安全系数。站台屏蔽门可以防止乘客或物品因人员拥挤或其他情况掉下站台，杜绝因此引发的安全事故。

（2）改善站台的候车环境。站台屏蔽门可以阻隔列车运行时产生的噪声、活塞风、粉尘和热量，从而为乘客创造更加舒适的候车环境。

指点迷津

活塞风是指在隧道中高速运行的列车带动隧道中空气高速流动的现象。

（3）降低车站的运营能耗。站台屏蔽门可以减少乘客候车区与轨行区之间的热量交换，降低空调系统的能源消耗。全高封闭式屏蔽门的这一功能尤其显著。

（4）提高车站的运营效率。站台屏蔽门可以帮助站务员更好地管理乘客，避免乘客随意进入轨行区。此外，设置站台屏蔽门有利于减少站务员的工作量和车站对站务员的需求量，进而降低车站的运营成本。

三、站台屏蔽门的结构

站台屏蔽门一般由机械和电气两大部分构成，机械部分包括门体结构和门机系统，电气部分包括监控系统和电源系统。以下主要介绍机械部分。

（一）门体结构

站台屏蔽门的门体结构主要由顶箱（半高屏蔽门为固定侧盒）、门头指示灯、就地控制盒、承重结构（包括上部连接部件、立柱、踢脚板）、门本体等构成，如图 3-5 所示。

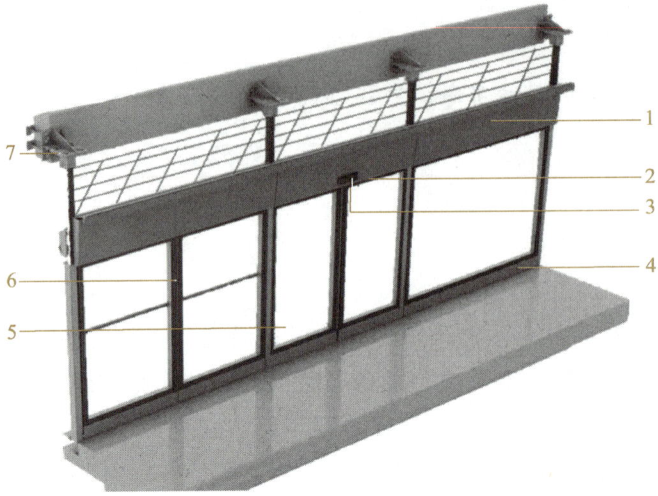

1—顶箱；2—就地控制盒；3—门头指示灯；4—踢脚板；5—门本体；6—立柱；7—上部连接部件。

图 3-5　站台屏蔽门的门体结构

1. 顶箱

顶箱一般由 L 形铝合金框架承托，在站台侧用不锈钢固定板铰接在立柱之上。顶箱的作用有很多，首先，顶箱可为其内置的各种装置提供密封保护；其次，顶箱上可安装显示列车运行方向、站名等信息的指示牌，用于指引乘客；最后，顶箱可作为站台边缘的灯光反射板，增强站台边缘的照明效果。

2. 门头指示灯

门头指示灯亮起，表示站台屏蔽门处于打开状态；门头指示灯熄灭，表示站台屏蔽门处于关闭状态；门头指示灯闪烁，表示站台屏蔽门处于隔离、正在打开或正在关闭状态。

3. 就地控制盒

就地控制盒（local control box, LCB）是指就地控制单樘滑动门的控制装置，一般位于滑动门门框的右上角。

4. 承重结构

承重结构主要由上部连接部件、下部支撑部件（如踢脚板、门槛等）、高度调节装置、门楣、立柱等构成。承重结构是整个站台屏蔽门的支撑骨架，能够承受站台屏蔽门的垂直荷载、隧道通风系统产生的风压、活塞风带来的水平荷载、乘客挤压形成的荷载等，从而确保站台屏蔽门能够正常发挥作用。

5. 门本体

门本体是站台屏蔽门最重要的机械构成部分，按照结构和功能的不同，可分为滑动门、固定门、应急门和端头门，如图 3-6 所示。

1—端头门；2—应急门；3—滑动门；4—固定门。

图 3-6　门本体的分类

（1）滑动门。滑动门（sliding door, ASD）是指站台屏蔽门上与列车客室门位置、数量相对应，可开启或关闭的门。滑动门多为中分双开式门，开启时作为乘客上下列车的通道，关闭时作为隔断乘客候车区与轨行区的屏障，遇到突发事故时可作为疏散乘客的通道。遇到紧急情况时，滑动门可由乘客在轨道侧推动解锁装置打开，也可由站务员在站台侧使用专用钥匙打开。

（2）固定门。固定门（fixed door, FIX）是指站台屏蔽门上不可开启的玻璃隔墙。固定门主要用来隔断乘客候车区与轨行区。

（3）应急门。应急门（emergency escape door, EED）是指当列车客室门与滑动门不能对齐时，供乘客上下车使用的门。应急门一般作为固定门使用，在正常情况下不开启。遇到紧急情况时，应急门可由乘客在轨道侧推动解锁装置打开，也可由站务员在站台侧使用专用钥匙打开。一般而言，单侧站台应至少设置两扇应急门。

（4）端头门。端头门（platform end door, PED）是指站台屏蔽门两端用于进出轨行区的门。端头门主要作为站务员和其他工作人员进出轨行区的通道，同时兼作紧急情况下疏散乘客的通道。遇到紧急情况时，端头门可由站务员在站台侧使用专用钥匙打开，也可由乘客在轨道侧推动解锁装置打开。

需要注意的是，除了滑动门、固定门、应急门和端头门以外，门本体中可能还有司机门。司机门是指站台屏蔽门上，与列车司机室侧门对应，供司机进出站台的门。

（二）门机系统

门机系统是开启与关闭滑动门的驱动机构，安装在门体结构的顶箱（或侧盒）内，主要由驱动装置（包括电机、齿轮箱等）、传动装置、门悬挂设备、门控器（door control unit, DCU）、锁紧机构等构成。门机系统的工作原理是：通过电机和传动装置驱动门体水平移动，实现站台屏蔽门的开启与关闭，并将电压和电流等信息反馈给 DCU，以便监控系统判断站台屏蔽门的运行状态。

一般而言，站台屏蔽门的门机系统应满足以下技术要求：

（1）驱动装置运行平稳，无异常噪声、振动等现象，能够保证两扇滑动门同步、稳定运动；电机宜为直流电机。

（2）传动装置宜采用同步齿型带传动或丝杆螺旋副传动。

（3）锁紧机构在断电情况下能够保持锁闭状态。

（4）安装在门机系统内的零部件应有防松和防震措施。

知识拓展

门机系统传动装置采用的传动形式

门机系统传动装置采用的传动形式包括同步齿型带传动和丝杆螺旋副传动两种，如图 3-7 所示。

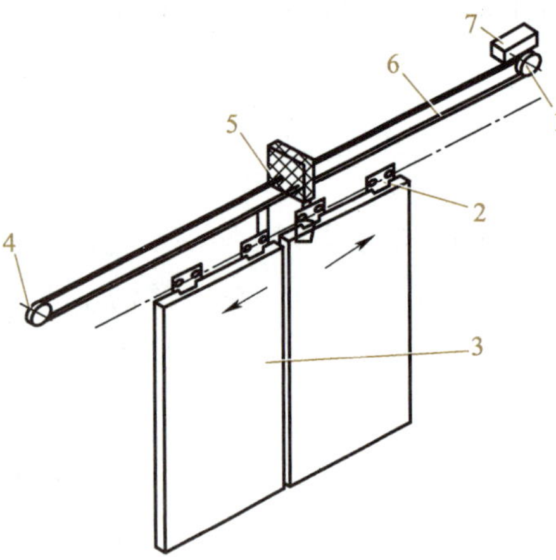

1—主动轮；2—门悬挂设备；3—滑动门体；
4—被动轮；5—自动锁紧装置；
6—重载型同步齿形皮带；7—电机。
同步齿型带传动

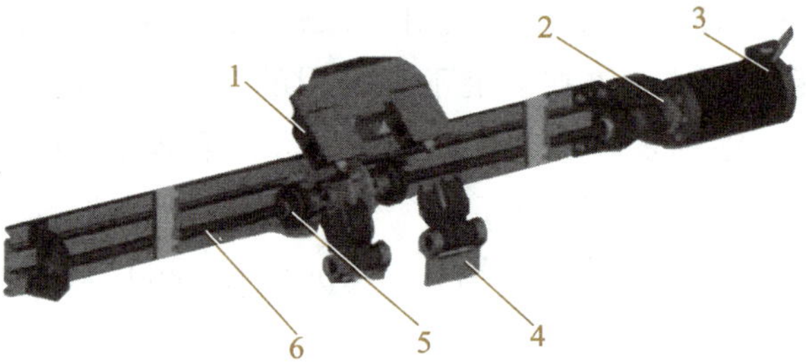

1—锁紧装置；2—连接器；3—电机；
4—门悬挂设备；5—螺帽；6—丝杆传动装置。
丝杆螺旋副传动

图 3-7　同步齿型带传动和丝杆螺旋副传动

1. 同步齿型带传动的优缺点

同步齿型带传动具有以下优点：① 结构简单，安装及维护方便，不需要润滑；② 噪声较小；③ 传动平稳；④ 具有较好的抗震性能。其具有以下缺点：① 传动精度和传动效率较低，连续运动控制能力较差；② 皮带会随使用时间的增长而发生磨损，需要经常更换。

2. 丝杆螺旋副传动的优缺点

丝杆螺旋副传动具有以下优点：① 结构简单、紧凑，噪声小；② 具有较高的传动精度和传动稳定性；③ 在某些场合下可实现自锁。其具有以下缺点：① 传动效率较低，需要消耗较大的能量才能传递较大的力矩；② 若螺旋副不具有自润滑功能，则需要定期润滑和保养，否则丝杆容易磨损和卡滞。

四、站台屏蔽门的安装要求

站台屏蔽门虽然具有多种功能，但是并非所有城市轨道交通车站都适合安装。各车站应根据当地的气候条件、车站站台的形式（如岛式站台、侧式站台）、车站的通风条件与空调制式等因素，确定是否安装站台屏蔽门，以及安装哪种类型的站台屏蔽门。

安装站台屏蔽门时，应综合考虑列车编组形式（如车辆的类型与特点、各类车辆的数量、车辆的编排顺序等）、停车精度要求、列车运行速度、站台的布局、候车区乘客的分布情况、客流量等因素。在安装全高封闭式屏蔽门和全高非封闭式屏蔽门时，应考虑列车客室门的净高度，确保站台屏蔽门的可开启门净高度不低于列车客室门的净高度。

此外，在安装站台屏蔽门时，还应注意以下事项：

（1）以站台中心线为基准，在两端对称安装站台屏蔽门，确保滑动门与列车客室门一一对应。

（2）确保站台屏蔽门的安装满足限界设计要求。例如，应遵守《地铁限界标准》（CJJ/T 96—2018）中的规定，确保站台屏蔽门处于停站作业及调度模式时至未开门车辆轮廓线之间的净距不大于 130 mm，处于越行作业及调度模式时至未开门车辆轮廓线之间的净距不大于 140 mm。

（3）站台屏蔽门应采用符合安全要求的玻璃。例如，玻璃厚度和最大许用面积应符合《建筑玻璃应用技术规程》（JGJ 113—2015）中的要求。

（4）确保站台屏蔽门的主要构件与设备方便在站台侧维护、修理和更换，并符合运营要求。

（5）在保证行车安全的前提下，可在站台边缘设置防踏空装置。

（6）不得将站台屏蔽门作为防火隔离设施。

任务二 站台屏蔽门的控制

任务引入

某日7:57，上海地铁1号线汉中路站上行12990次列车停站开门后，司机发现有多扇滑动门的门头指示灯闪烁，而滑动门未开启，导致部分乘客未能及时下车。随后，司机和站务员多次尝试通过就地控制盘开启滑动门，但均未能成功打开全部滑动门。为了不影响下一趟列车的正常运行，7:59，在下一趟列车进站前，站务员在站台侧使用专用钥匙手动开启部分滑动门，供乘客上下列车。

思考：

（1）站台屏蔽门的控制模式有哪几种？上述案例中涉及哪种控制模式？

（2）各种站台屏蔽门的控制模式分别适用于哪种情况？

任务工单

任务名称：________	班　　级：________	学　　时：________
姓　　名：________	学　　号：________	实训场地：________

任务描述：

全班学生以小组为单位，在教师的指导下完成站台屏蔽门的开门和关门操作。

任务目的：

（1）熟悉站台屏蔽门的三种控制模式。

（2）掌握站台屏蔽门的PSL控制与LCB控制。

一、知识储备

阅读任务引入中的案例，思考任务引入中提出的问题，带着问题学习相关知识，并完成以下练习题。

1. 填空题

（1）站台屏蔽门的控制模式包括____________控制、____________控制和____________控制，其中____________控制的优先级最高。

（2）系统级控制是指在____________下，通过信号系统直接对站台屏蔽门进行开关门控制。

（3）当系统级控制不能正常发挥作用时，列车司机或站务员可在__________上对站台屏蔽门进行开关门操作。

（4）当车站内发生紧急情况时，车站控制室值班员可在车站控制室的____________上对站台屏蔽门进行开关门操作。

2. 判断题

（1）系统级控制的优先级高于站台级控制。（　　）

（2）在综合后备盘上对站台屏蔽门进行开关门操作属于手动级控制。（　　）

（3）当系统级控制、站台级控制均无法发挥作用时，站务员可利用就地控制盒对单樘滑动门进行开关门操作。（　　）

（4）当就地控制盒处于“手动开门”位时，门机系统不执行来自中央控制盘的命令，滑动门处于开启状态。（　　）

3. 简答题

简述在站台级控制模式下，站务员利用就地控制盘进行开关门的具体操作。

二、任务分工

全班学生自由分组，每组3～5人，从中选出一名组长，由组长负责任务分工、过程记录、结果整理等工作。组长将小组成员的姓名与任务分工情况填入表3-4中。

表3-4　小组成员的姓名与任务分工情况

成员姓名		任务分工
组长		
组员		

三、任务实施

（1）各小组在教师的指导下，参照表 3-5 完成站台屏蔽门的开门和关门操作，并以拍摄图片或视频的方式记录实操过程。

表 3-5　站台屏蔽门的开门和关门操作实操情况

项目	利用就地控制盘操作		利用就地控制盒操作	
	开门操作	关门操作	开门操作	关门操作
注意事项				
操作步骤				
遇到的问题与解决方案				
需要改进和提升的方面				

（2）操作完成后，小组成员观看拍摄的图片或视频，然后分析操作过程中遇到的问题和需要改进、提升的方面，并将表 3-5 中的答案补充完整。

（3）各小组派代表在课堂上讲解自己小组的实操过程、遇到的问题与解决方案、需要改进和提升的方面。教师和其他小组成员进行点评。

四、任务评价

教师抽查各小组中任意一名成员的任务工单，然后根据各小组的汇报情况、任务工单的抽查结果和表 3-6，对各小组进行打分。学生根据自己所在小组的得分和自己在任务实施过程中的表现进行自我评价。

表 3-6　任务评价表

评价内容	分值	教师评分	自我评价
分工明确，任务完成度高	25		
任务工单填写认真，字迹工整，答案正确	25		
操作熟练，操作步骤规范	25		
汇报流畅，语言清晰，举止大方	25		
合计	100		

相关知识

一、系统级控制

系统级控制是指在列车正常运行模式下，通过信号系统（signaling system, SIG）直接对站台屏蔽门进行开关门控制。系统级控制的优先级低于站台级控制和手动级控制。

（一）开门操作

当列车正常到站时，司机确认后按下开门按钮，信号系统向中央控制盘（platform screen doors central interface panel, PSC）发出开门命令，门控器接到命令后执行开门操作，最后由电机驱动站台屏蔽门开启。具体的开门过程如图 3-8 所示。

图 3-8　站台屏蔽门的开门过程（系统级控制）

指点迷津

中央控制盘是指某一车站站台屏蔽门控制中心，包括逻辑控制单元、监视单元及其接口。每个逻辑控制单元负责控制一侧站台屏蔽门；监视单元负责监视站台屏蔽门，接收和发送站台屏蔽门的信息。

（二）关门操作

停站时间结束，列车准备离站时，司机确认后按下关门按钮，信号系统向中央控制盘发出关门命令，门控器接到命令后执行关门操作，最后由电机驱动站台屏蔽门关闭。具体的关门过程如图 3-9 所示。

图 3-9　站台屏蔽门的关门过程（系统级控制）

二、站台级控制

站台级控制是指由列车司机或站务员在站台侧的就地控制盘（platform screen doors local control panel, PSL）上或由车站控制室值班员在车站控制室的综合后备盘（integrated backup panel, IBP）上对站台屏蔽门进行开关门操作。

（一）PSL 控制

当发生列车停位不准确、信号系统故障、信号系统与门机系统间的通信中断、门机系统故障等情况，导致系统级控制不能正常发挥作用时，列车司机或站务员可在就地控制盘上对站台屏蔽门进行开关门操作，实现站台屏蔽门的 PSL 控制。

1. 开门操作

列车司机或站务员使用专用钥匙将 PSL 使能开关旋转至“允许”位，然后将“开/关门开关”旋转至“开门”位，站台屏蔽门随之开启。

2. 关门操作

列车司机或站务员使用专用钥匙将 PSL 使能开关旋转至“允许”位，然后将“开/关门开关”旋转至“关门”位，站台屏蔽门随之关闭。

3. 互锁解除操作

当站台屏蔽门全部关闭，但因“关闭且锁紧”信号丢失或信号系统无法确认站台屏蔽门是否关闭且锁紧而不能发车时，列车司机或站务员在就地控制盘上进行互锁解除操作，互锁解除指示灯亮起，列车即可发车离站。

知识拓展

就地控制盘的控制面板

不同厂家生产的就地控制盘虽然存在一定差别，但是其控制面板上一般都设置了 PSL 使能开关、开/关门开关、互锁解除开关、指示灯测试按钮、PSL 使能指示灯、开/关门状态指示灯、互锁解除指示灯、关闭且锁紧指示灯等。就地控制盘的控制面板如图 3-10 所示。

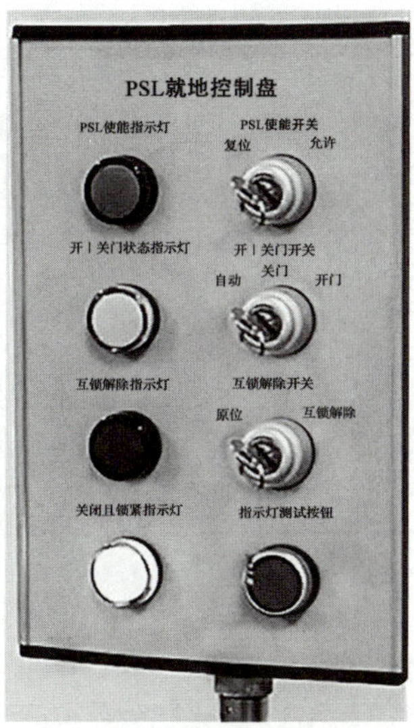

图 3-10　就地控制盘的控制面板

（1）PSL 使能开关即就地控制盘操作允许开关。只有将该开关旋转至“允许”位，才能对就地控制盘进行操作。

（2）开/关门开关可分别位于自动位、关门位、开门位三个挡位。旋转该开关，使其到达所需挡位，可切换所有滑动门的开关模式。只有将该开关旋转至“自动”位，才能将钥匙拔出。

（3）旋转互锁解除开关可向信号系统发出站台屏蔽门已关闭且锁紧的信号。松手后，钥匙将自动回到“原位”位。

（4）指示灯测试按钮为绿色。按下指示灯测试按钮后，就地控制盘上所有的指示灯将亮起，从而方便工作人员检查是否有损坏的指示灯。

（5）PSL 使能指示灯为绿色。将 PSL 使能开关旋转至“允许”位时，该指示灯将亮起。

（6）开/关门状态指示灯会在所有滑动门完全开启或关闭时亮起，在滑动门打开或关闭过程中闪烁。

(7) 旋转互锁解除开关时，互锁解除指示灯将亮起。

(8) 关闭且锁紧指示灯一般为绿色。当所有站台屏蔽门关闭且锁紧时，该指示灯将亮起；当某扇滑动门或应急门未关闭或未锁紧时，该指示灯将熄灭。

(二) IBP 控制

当车站内发生紧急情况（如火灾等）时，车站控制室值班员可在车站控制室的综合后备盘上对站台屏蔽门进行开关门操作。综合后备盘的站台屏蔽门控制面板如图 3-11 所示。

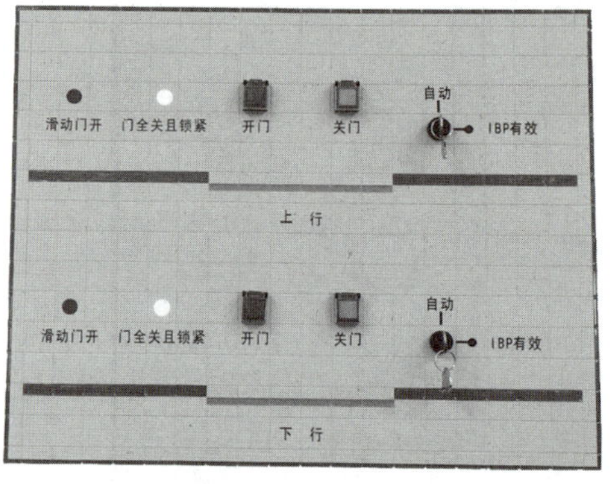

图 3-11 综合后备盘的站台屏蔽门控制面板

1. 开门操作

通过综合后备盘开启站台屏蔽门的操作流程如下：

(1) 用钥匙将故障侧站台屏蔽门对应的开关旋转至“IBP 有效”位。

(2) 打开按键保护盖，按下“开门”按钮，“滑动门开”灯亮起，站台屏蔽门开启。

2. 关门操作

通过综合后备盘关闭站台屏蔽门的操作流程如下：

(1) 用钥匙将故障侧站台屏蔽门对应的开关旋转至“IBP 有效”位。

(2) 打开按键保护盖，按下“关门”按钮，“门全关且锁紧”灯亮起，站台屏蔽门关闭。

指点迷津

IBP 控制只有在发生紧急情况时才可以启用。处理完紧急情况后，必须将故障侧站台屏蔽门对应的开关恢复至“自动”位。IBP 控制的优先级高于 PSL 控制。

三、手动级控制

手动级控制是指站务员或乘客对站台屏蔽门进行手动开关门操作。

（一）LCB 控制

当系统级控制、站台级控制均无法发挥作用时，站务员可利用就地控制盒对单樘滑动门进行开关门操作。

就地控制盒一般设有“自动”“手动开门”“手动关门”“隔离”四个挡位，如图 3-12 所示。

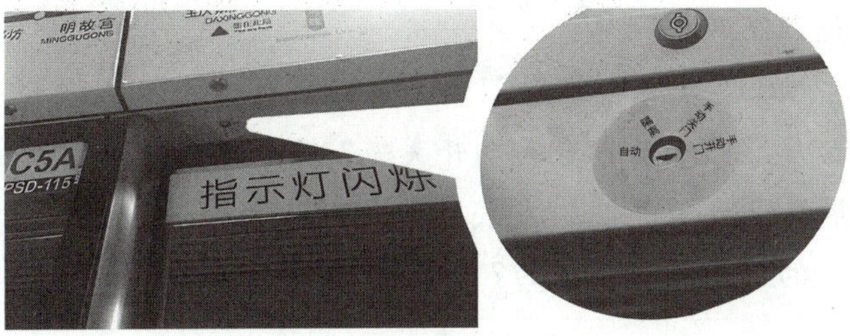

图 3-12 就地控制盒的四个挡位

各挡位的含义具体如下：

（1）“自动”位：当就地控制盒处于“自动”位时，允许门控器接收中央控制盘的开门命令与关门命令。

（2）“手动开门”位：当就地控制盒处于“手动开门”位时，门机系统不执行来自中央控制盘的命令，滑动门处于开启状态。此时，信号系统不会受到影响，列车能够正常进出站。

（3）“手动关门”位：当就地控制盒处于“手动关门”位时，门机系统不执行来自中央控制盘的命令，滑动门处于关闭状态。此时，信号系统不会受到影响，列车能够正常进出站。

（4）“隔离”位：当就地控制盒处于“隔离”位时，单个滑动门单元与整个站台屏蔽门系统隔离，该滑动门单元的电力供应被切断，但整个站台屏蔽门系统依旧能够正常工作。此挡位多在维修时启用。

（二）手动解锁

当系统级控制、站台级控制、LCB 控制均无法发挥作用时，站务员可在站台侧用专用钥匙开启站台屏蔽门（见图 3-13），乘客可在轨道侧推动解锁装置开启站台屏蔽门（见图 3-14）。

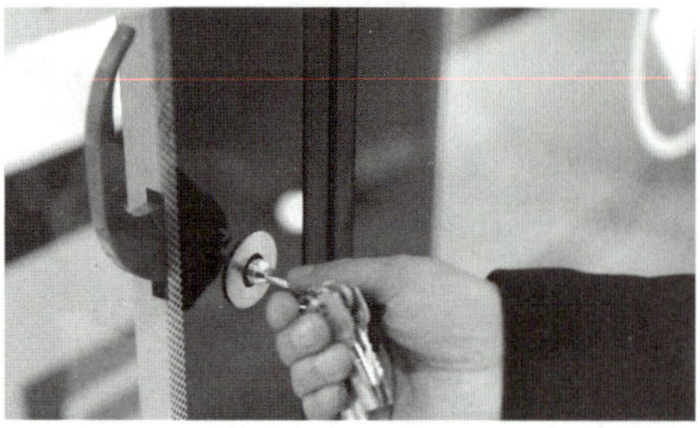

图 3-13　用专用钥匙开启站台屏蔽门

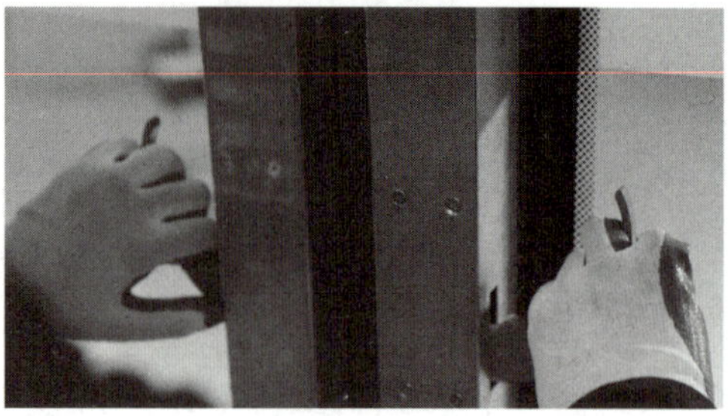

图 3-14　推动解锁装置开启站台屏蔽门

课堂活动

请同学们讨论以下两个问题：

（1）在智能化时代，站台屏蔽门的开关门操作完全可以实现全自动化，那么为什么还要为站台屏蔽门配套设置手动开关呢？

（2）站台屏蔽门的 5 种控制方式（即 SIG 控制、PSL 控制、IBP 控制、LCB 控制、手动解锁）的优先级是怎样的？

任务三　站台屏蔽门的故障处理

任务引入

某日 14:04，一名老年乘客在某地铁站下车后，从端头门处走进了轨行区。幸亏当时值班的站务员及时发现，并搀扶老人快速离开了轨行区。此次事故虽未造成人员伤亡，但导致列车晚点，影响了线路的正常运营。

原来，该端头门门体因玻璃完全破碎而被拆下，站务员当时只在周围拉了安全警戒线，车站并未安排专人值守。这名老年乘客因混淆了出站方向，才从端头门处误入了轨行区。

思考：

（1）在处理站台屏蔽门故障时，应遵循哪些原则？

（2）当站台屏蔽门门体玻璃破裂时，站务员应如何处理？

（3）当单侧站台所有滑动门无法开启或关闭时，站务员应如何处理？

任务工单

任务名称：__________　班　级：__________　学　时：__________

姓　名：__________　学　号：__________　实训场地：__________

任务描述：

全班学生以小组为单位，在教师的指导下进行站台屏蔽门故障处理。

任务目的：

（1）了解站台屏蔽门故障的处理原则。

（2）掌握站台屏蔽门故障的处理流程。

一、知识储备

阅读任务引入中的案例，思考任务引入中提出的问题，带着问题学习相关知识，并完成以下练习题。

1．填空题

（1）站务员发现站台一侧所有滑动门无法开启后，可在站台侧用钥匙将部分滑动门的就地控制盒旋转至“__________”位，然后人工开启这部分滑动门。

（2）若发生站台屏蔽门断电失压故障，列车客室门与滑动门能够一一对准时，在故障未处理完毕前，应让滑动门保持__________状态。

（3）当站台屏蔽门门体玻璃破裂时，站务员应在故障门前设置警示标识和护栏，车站应安排____________，加强现场监控。

2．判断题

（1）当城市轨道交通车站发生站台屏蔽门故障时，要按照“先通后复”的原则进行处理，优先保障列车的正常运行，然后进行故障修复工作。（　　）

（2）站务员发现站台一侧某个滑动门无法开启时，应先尝试将就地控制盘上的开/关门开关旋转至“开门”位。（　　）

3．简答题

（1）简述站台屏蔽门故障的处理原则。

（2）简述站台屏蔽门断电失压故障的处理流程。

二、任务分工

全班学生自由分组，每组 3～5 人，从中选出一名组长，由组长负责任务分工、过程记录、结果整理等工作。组长将小组成员的姓名与任务分工情况填入表 3-7 中。

表 3-7　小组成员的姓名与任务分工情况

<table>
<tr><th colspan="2">成员姓名</th><th>任务分工</th></tr>
<tr><td>组长</td><td></td><td></td></tr>
<tr><td>组员</td><td></td><td></td></tr>
</table>

三、任务实施

（1）各小组在教师的指导下，参照表 3-8 完成站台屏蔽门故障处理的实操（至少选取 3 种故障），并以拍摄图片或视频的方式记录实操过程。

表 3-8　站台屏蔽门故障处理的实操情况

<table>
<tr><th>故障类型</th><th>处理流程</th><th>遇到的问题与解决方案</th></tr>
<tr><td></td><td></td><td></td></tr>
<tr><td></td><td></td><td></td></tr>
<tr><td></td><td></td><td></td></tr>
<tr><td colspan="3">需要改进和提升的方面：</td></tr>
</table>

（2）操作完成后，小组成员观看拍摄的图片或视频，然后分析操作过程中遇到的问题和需要改进、提升的方面，并将表 3-8 中的答案补充完整。

（3）各小组派代表在课堂上讲解自己小组的实操过程、遇到的问题与解决方案、需要改进和提升的方面。教师和其他小组成员进行点评。

四、任务评价

教师抽查各小组中任意一名成员的任务工单，然后根据各小组的汇报情况、任务工单的抽查结果和表 3-9，对各小组进行打分。学生根据自己所在小组的得分

和自己在任务实施过程中的表现进行自我评价。

表 3-9　任务评价表

评价内容	分值	教师评分	自我评价
分工明确，任务完成度高	25		
任务工单填写认真，字迹工整，答案正确	25		
操作熟练，处理流程规范	25		
汇报流畅，语言清晰，举止大方	25		
合计	100		

相关知识

一、站台屏蔽门故障处理原则

站台屏蔽门发生故障的原因有很多。在这些故障中，有些可能是信号系统故障、电源系统故障引起的，有些可能是机械故障或其他因素引起的。无论是哪种因素引起的，在处理站台屏蔽门故障时，均应遵循以下几项基本原则。

（一）安全第一

站台屏蔽门作为设置在站台边缘的安全屏障，最重要的功能是保护乘客的人身安全。在处理站台屏蔽门故障时，必须始终将乘客的人身安全放在首位。

扫一扫

如何应对屏蔽门夹人的突发状况

（二）快速响应

站台每侧所有滑动门与应急门的位置检测开关和锁闭开关串联成一个安全回路，任何一扇门出现故障，该安全回路就会断开，列车就无法进出站，此时线路运营便会受到影响。直到站台屏蔽门故障得到妥善处理，线路运营才能恢复正常。因此一旦发现站台屏蔽门故障，应在第一时间做出响应，立即启动应急预案。

（三）先通后复

“先通后复”原则是指在处理站台屏蔽门故障时，应在确保安全的前提下，优先保障列车的正常运行，然后进行故障修复工作。遵循“先通后复”原则能够有效减轻站台屏蔽门故障对线路运营秩序的影响。

（四）透明公开

当站台屏蔽门发生故障时，应及时向乘客公布有关信息，这样一方面有助于提醒乘客注意乘车安全，并缓解乘客的恐慌心理，另一方面有助于增强和提高社会公众对城市轨道交通运营企业的信任感和满意度。

二、站台屏蔽门故障处理流程

站台屏蔽门的常见故障有站台一侧某个滑动门故障、站台一侧所有滑动门故障、站台屏蔽门断电失压、站台屏蔽门门体玻璃破裂、站台屏蔽门夹人夹物等。针对不同类型的故障，应按照不同的流程进行处理。

（一）站台一侧某个滑动门故障

1. 站台一侧某个滑动门无法开启

当站台一侧某个滑动门无法开启时，站务员应按照以下流程进行处理：

（1）确认故障门的具体位置后，及时用对讲机向车站控制室汇报情况：“×方向×号滑动门门头指示灯不亮，开门故障。”

（2）处理故障门：① 用钥匙将与故障门对应的就地控制盒旋转至“手动开门”位；② 引导乘客上下车后，将就地控制盒旋转至“手动关门”位。

（3）确认故障门关闭后，用对讲机向车站控制室汇报情况：“×方向×号滑动门门头指示灯熄灭，关门成功。”

图 3-15　张贴在故障门上的故障纸

（4）确认站台安全后，给列车司机打出“好了”信号。若在给司机打出“好了”信号后，司机汇报没有接收到站台屏蔽门“关闭且锁紧”信号，站务员应立即来到端头门内，在就地控制盘上将 PSL 使能开关旋转至“允许”位，再旋转互锁解除开关，互锁解除指示灯将亮起，列车即可发车。

（5）待列车出清（即列车驶离了本区段）后，在故障门上张贴故障纸，如图 3-15 所示。

（6）待维修人员修复故障门后，用钥匙将与故障门对应的就地控制盒旋转至“自动”位，然后拔出钥匙，撤除故障纸，并用对讲机向车站控制室汇报情况：“×方向×号滑动门故障已处理完毕。”

指点迷津

站台一侧某个滑动门开门故障的应急处理是城市轨道交通站务职业技能等级考试考核的重要内容之一。扫描右侧二维码，可查看单个滑动门开门故障的应急处理考核演示和评分标准。

扫一扫

站台一侧某个滑动门开门故障的应急处理

2. 站台一侧某个滑动门无法关闭

当站台一侧某个滑动门无法关闭时，站务员应按照以下流程进行处理：

（1）确认故障门的具体位置后，及时用对讲机向车站控制室汇报情况："×方向×号滑动门门头指示灯亮，关门故障。"

（2）检查故障门是否夹有异物，如有，及时清除异物。

（3）处理故障门，即用钥匙将与故障门对应的就地控制盒旋转至"手动关门"位。

（4）确认故障门关闭后，用对讲机向车站控制室汇报情况："×方向×号滑动门门头指示灯熄灭，关门成功。"

（5）确认站台安全后，给列车司机打出"好了"信号。若在给司机打出"好了"信号后，司机汇报没有接收到站台屏蔽门"关闭且锁紧"信号，站务员应进行互锁解除操作。

（6）待列车出清后，在故障门上张贴故障纸。

（7）待维修人员修复故障门后，用钥匙将与故障门对应的就地控制盒旋转至"自动"位，然后拔出钥匙，撤除故障纸，并用对讲机向车站控制室汇报情况："×方向×号滑动门故障已处理完毕。"

指点迷津

扫一扫

站台一侧某个滑动门关门故障的应急处理

站台一侧某个滑动门关门故障的应急处理是城市轨道交通站务职业技能等级考试考核的重要内容之一。扫描左侧二维码，可查看单个滑动门关门故障的应急处理考核演示和评分标准。

（二）站台一侧所有滑动门故障

1．站台一侧所有滑动门无法开启

当站台一侧所有滑动门无法开启时，不同岗位人员应采取的处理流程有所不同，具体如表 3-10 所示。

表 3-10　不同岗位人员应采取的处理流程

岗位	处理流程
站务员	（1）发现站台一侧所有滑动门无法开启后，在站台侧用钥匙将部分滑动门的就地控制盒旋转至“隔离”位，然后人工开启这部分滑动门 （2）加强对站台安全的监控，通过广播引导乘客候车，用对讲机报车站控制室：“×方向×侧滑动门无法开启。” （3）若故障门未能及时修复且影响发车，则在列车客室门关闭、列车动车前，一人在故障门处做好防护，另一人立即前往端头门内的就地控制盘处，待前者确认站台安全并打出“好了”信号后，后者立即在就地控制盘上进行互锁解除操作 （4）待列车离开站台后，在故障门处做好防护；在维修人员对故障门进行抢修时，负责安全监控工作；在下趟列车到达前 1 min，通知维修人员停止抢修 （5）待故障门抢修完毕后，报车站控制室：“×方×侧滑动门故障处理完毕”
行车值班员	（1）发现站台一侧所有滑动门无法开启后，用对讲机向现场站务员确认情况是否属实；确认情况属实后，前往站台协助处理站台屏蔽门故障 （2）通过监控器加强对站台安全的监控，并通过广播引导乘客候车 （3）报告行车调度员、环控调度员、站务室生产调度员：“×方向×侧滑动门无法开启。” （4）待维修人员到达现场后，根据车站的客流情况安排维修人员进行抢修 （5）接到故障处理完毕的通知后，向行车调度员、环控调度员、站务室生产调度员汇报故障处理结果
列车司机	（1）发现站台一侧所有滑动门无法开启后，先尝试在就地控制盘上进行滑动门开启操作；若仍无法开门，则立即通知站务员，让其协助处理，并向行车调度员汇报 （2）通过广播通知乘客从开启的滑动门处上下车 （3）待乘客上下车完毕，收到“好了”信号后关闭列车客室门。在收到速度码信息后，以正常模式驾驶列车出站；若收不到速度码信息，则按照行车调度员的指示处理

指点迷津

站台一侧所有滑动门开门故障的应急处理是城市轨道交通站务职业技能等级考试考核的重要内容之一。扫描右侧二维码，可查看站台一侧所有滑动门开门故障的应急处理考核演示。

扫一扫

站台一侧所有滑动门开门故障的应急处理

2．站台一侧所有滑动门无法关闭

站台一侧所有滑动门关门故障的大致处理流程如图 3-16 所示，具体处理流程详见视频“站台一侧所有滑动门关门故障的应急处理”。

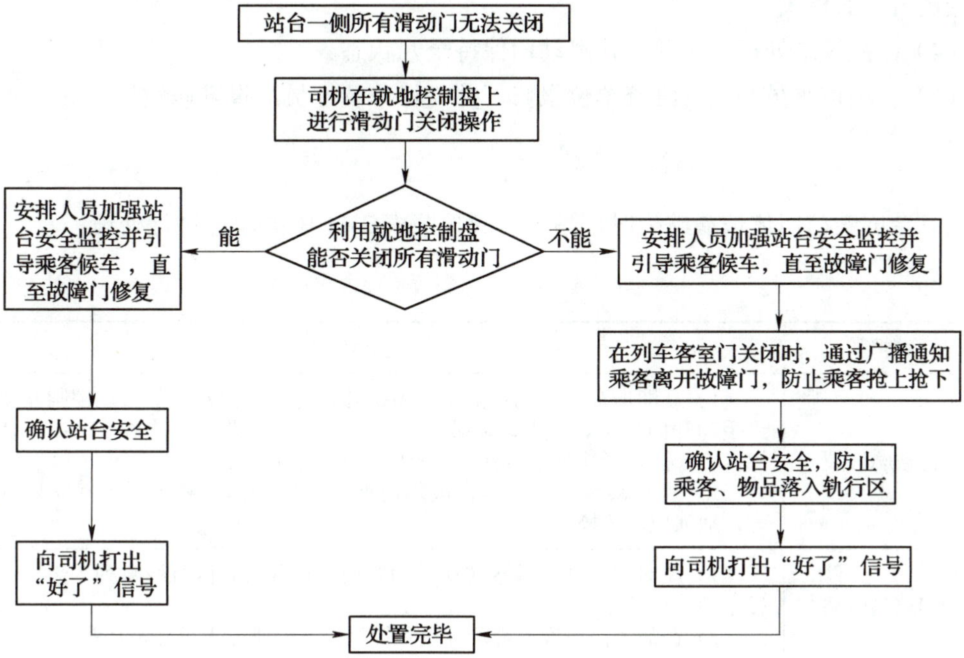

图 3-16　站台一侧所有滑动门关门故障的处理流程

指点迷津

站台一侧所有滑动门关门故障的应急处理是城市轨道交通站务职业技能等级考试考核的重要内容之一。扫描下方二维码，可查看站台一侧所有滑动门关门故障的应急处理考核演示。

扫一扫

站台一侧所有滑动门关门故障的应急处理

（三）站台屏蔽门断电失压

当发生站台屏蔽门断电失压故障，列车客室门与滑动门能够一一对准时，应按照以下流程进行处理：

（1）站务员通知司机通过广播告知乘客在轨道侧手动解锁滑动门。

（2）站务员持钥匙在站台侧协助乘客手动解锁滑动门并疏散乘客。

（3）站务员向行车值班员和行车调度员汇报相关情况，行车调度员通知后续列车司机改变进出站的模式。

（4）在故障未处理完毕前，让滑动门保持全开状态。

（5）行车值班员向设备维修单位报修，并向行车调度员汇报维修结果。

（四）站台屏蔽门门体玻璃破裂

当站台屏蔽门门体玻璃破裂时，站务员应按照表 3-11 中的流程进行处理。

表 3-11　门体玻璃破裂故障处理流程

故障类型	处理流程
滑动门玻璃破裂	（1）立即向车站控制室汇报，用钥匙将与故障门对应的就地控制盒旋转至“手动开门”位。如果玻璃破碎散落，应同时清理现场散落玻璃；若有玻璃掉入轨行区且影响列车运行，则应向行车调度员汇报 （2）引导乘客上下车，在故障门前设置警示标识和护栏，并安排专人值守，加强现场监控
其他门玻璃破裂	（1）及时清理现场散落玻璃。如有玻璃掉入轨行区且影响列车运行，应向行车调度员汇报 （2）在故障门前设置警示标识和护栏，并安排专人值守，加强现场监控

课堂活动

某站务员接到乘客报警，称一扇滑动门门体玻璃破裂，该站务员随即做出了以下处理：

（1）立即前往故障门处，看门体玻璃破裂面积的大小。

（2）确认门体玻璃破裂面积较小后，用胶带将破裂处粘住。

（3）用钥匙将与故障门对应的就地控制盒旋转至“隔离”位，停用该滑动门。

（4）在故障门周围设置警示标识和护栏。

该站务员的做法合理吗？如果不合理，请给出合理的做法。

（五）站台屏蔽门夹人夹物

当发生站台屏蔽门夹人夹物事故时，站务员应按照图 3-17 中的流程进行处理。

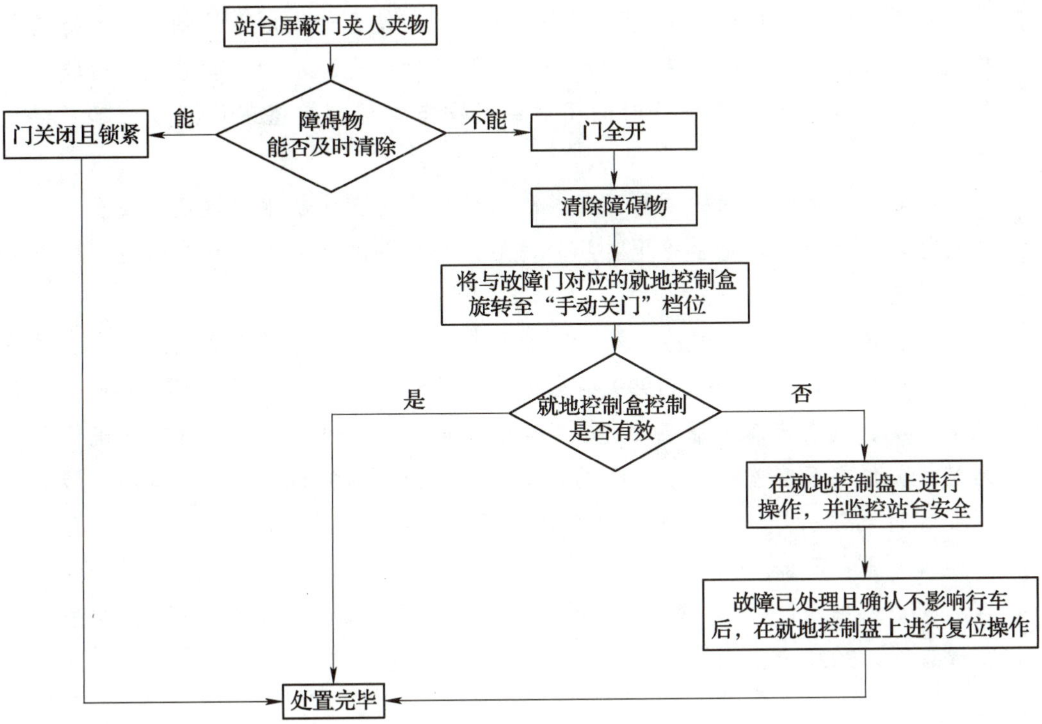

图 3-17　站台屏蔽门夹人夹物事故的处理流程

素养提升馆

“95 后”站务员上演“教科书式”应急处理

2022 年 2 月 20 日上午，宁波地铁 4 号线双东路站站务员翁某正在站台接车。9:35，她的视野中出现了一对急匆匆从楼梯上冲下来的母子。母亲跑在前面，嘴里喊着“快快快”，小男孩则在后面跟着。此时，列车正准备发车，滑动门上方的门头指示灯已经开始闪烁。这位母亲先进入列车，然后转身招呼小男孩上车。这时，列车客室门与滑动门马上就要关上了，小男孩竟尝试用双手撑开列车客室门，准备挤进去。

“回来！”翁某一把拉住小男孩，用力将其拽了回来。看到小男孩的母亲还将手伸在门缝中，翁某大喊一声：“把手缩回去，你从下一站坐回来！”话音刚落，列车客室门就关上了。

翁某担心滑动门受到影响而无法正常关闭，便迅速掏出专用钥匙，做好应急处理的准备。所幸设备并未受到影响，翁某放回钥匙，冷静地朝着列车行驶方向做出发车手势，然后在第一时间用对讲机向车站控制室值班员汇报这起“突发事件”。

在等待小男孩母亲的间隙，翁某耐心地向小男孩讲解乘坐地铁的安全知识，告诉他以后千万不能抢上抢下。几分钟后，小男孩的母亲返回双东路站，向翁某连声道谢。

“事情就在我眼前发生，那一刻我只知道有危险。保证乘客的人身安全是我们的第一要务。”翁某说。1999 年出生的她虽然工作时间不长，但已成长为一名业务扎实、沉着老练的服务之星。“车站就是我的阵地，我的职责就是确保双东路站每一位乘客都能够安全、顺畅地出行。作为一名党员，我会继续用心服务，用实际行动践行宁波市轨道交通集团有限公司‘诚心、用心、贴心、恒心’的‘四心’服务理念。”翁某表示。

（资料来源：《巾帼风采|95 后女站务员上演“教科书式”处置》，宁波轨道交通官网，2022 年 3 月 8 日）

学习成果评价

请进行学习成果评价，并将评价结果填入表 3-12 中。

表 3-12　学习成果评价表

班级		组号		日期	
姓名		学号		指导教师	
项目名称	站台屏蔽门				
评价项目	评价内容		满分	自我评分	教师评分
理论知识（40%）	站台屏蔽门的类型		8		
	站台屏蔽门的功能		8		
	站台屏蔽门的结构		8		
	站台屏蔽门的安装要求		8		
	站台屏蔽门的三种控制模式		8		
实践技能（40%）	能够识别站台屏蔽门的结构		10		
	能够进行站台屏蔽门的开启与关闭操作		15		
	能够处理站台屏蔽门的常见故障		15		
综合素养（20%）	具有良好的学习态度		6		
	具有安全意识与规则意识，遵守操作规范		7		
	具有服务意识，在生活中积极、热情地服务他人		7		
合计			100		
总分（自我评分×40%+教师评分×60%）					
自我评价					
教师评价					

项目四

乘客信息系统、客运服务标志和广播系统

项目引言

乘客信息系统、客运服务标志和广播系统是城市轨道交通中向乘客提供服务信息的重要系统，乘客利用乘客信息系统可以得知列车运营信息、公共媒体信息等，根据客运服务标志可以快速找到目的地，从广播信息中可以得知车站和列车的运营信息。城市轨道交通服人员熟悉乘客信息系统、客运服务标志和广播系统的相关知识，有利于更好地为乘客提供导乘服务。

学习目标

本项目的学习目标如下。在学习本项目后，根据自己对知识和技能的掌握情况，以及素质提高情况，进行项目目标评价。

目标	评价内容	评价结果
知识目标	熟悉乘客信息系统的功能、构成，乘客信息显示设备的布置与乘客信息显示的优先级	□是　□否
	熟悉客运服务标志的类型和设置原则	□是　□否
	熟悉广播系统的作用、功能、构成与优先级	□是　□否
技能目标	掌握乘客信息系统显示优先级的设置	□是　□否
	掌握客运服务标志的设置	□是　□否
	掌握广播控制终端的操作与广播用语的使用	□是　□否
素质目标	树立服务意识，为乘客提供细致、周到的服务	□是　□否
	树立安全防范意识和责任意识，预防安全事故发生	□是　□否

任务一　熟悉乘客信息系统

任务引入

为了使广大乘客在候车、乘车过程中，能够根据自身需求选择车厢，天津轨道交通运营集团有限公司自 2021 年 8 月起，启动列车车厢温度、拥挤度显示功能改造项目，并从项目可行性、改造经济性、运行稳定性等方面进行技术攻关。

2022 年 6 月，天津地铁 6 号线完成乘客信息显示屏和车厢液晶显示屏的升级改造工作，在原有媒体视频、站点信息展现的基础上，增加了即将到站列车车厢温度、拥挤度等的显示功能。根据“同车不同温”设计要求，列车车厢的温度有“强冷”和“弱冷”两个等级；根据车厢内的客流情况，列车车厢的拥挤度有“空闲”“舒适”“拥挤”三个等级。乘客根据乘客信息显示屏和车厢液晶显示屏上显示的信息，可以清楚地知道每节车厢的情况。

（资料来源：董立景，《天津地铁 6 号线列车上新功能啦!》，北方网，2022 年 6 月 21 日）

思考：

（1）什么是乘客信息系统？

（2）乘客信息系统具有哪些功能？

（3）乘客信息系统由哪些部分构成？

（4）乘客信息显示屏和车厢液晶显示屏上所显示的信息的优先级是怎样的？

任务工单

任务名称：________	班　　级：________	学　　时：________
姓　　名：________	学　　号：________	实训场地：________

任务描述：

全班学生分组讨论、分析任务引入中提出的问题，达成一致意见后，以小组为单位在课堂上汇报讨论结果与任务实施过程。

任务目的：

（1）熟悉乘客信息系统的功能。

（2）熟悉乘客信息系统的构成。

（3）熟悉乘客信息显示的优先级。

一、知识储备

阅读任务引入中的案例，思考任务引入中提出的问题，带着问题学习相关知识，并完成以下练习题。

1. 填空题

（1）____________是指依托多媒体技术，以计算机技术为核心，以车站和车站显示终端为媒介，向乘客提供信息服务的系统。

（2）乘客信息系统主要由__________________、线路中心层乘客信息系统、车站层乘客信息系统构成。

2. 判断题

（1）【竞赛题】城市轨道交通应设置完善的乘客信息系统，为乘客提供规范、有效、及时的信息。（　　）

（2）信息显示屏只能向乘客提供预先编辑好的列车运营信息和公共媒体信息。（　　）

（3）线路中心层乘客信息系统是全路网乘客信息发布中心，用于各类数据的收集、分析、编辑、存储、传输、内容审计等工作，并且具有监控和管理路网所有设备的功能。（　　）

（4）监控器一般设置在车站控制中心，用于对车站层乘客信息系统中的设备进行监控与管理。（　　）

3. 简答题

简述乘客信息系统的主要功能。

二、任务分工

全班学生自由分组，每组3～5人，从中选出一名组长，由组长负责任务分工、过程记录、结果整理等工作。组长将小组成员的姓名与任务分工情况填入表4-1中。

表 4-1　小组成员的姓名与任务分工情况

成员姓名		任务分工
组长		
组员		

三、任务实施

（1）以小组为单位，根据任务引入、任务描述和本任务所学知识分析表 4-2 中的问题，达成一致意见后，各小组成员填写该表。

表 4-2　需要分析的问题与填写的答案

需要分析的问题	填写的答案
路网层乘客信息系统具有哪些功能？	
线路中心层乘客信息系统具有哪些功能？	
车站层乘客信息系统具有哪些功能？	
乘客信息显示屏和车厢液晶显示屏上所显示的信息的顺序是怎样的？	
补充与修改：	

（2）各小组派出代表在课堂上汇报自己小组的讨论结果与任务实施过程，并解答其他小组成员提出的问题。教师对各小组的汇报情况进行点评。

（3）小组成员结合教师的点评和其他小组的汇报内容，对自己填写的答案进行必要的补充与修改。

四、任务评价

教师抽查各小组中任意一名成员的任务工单，然后根据各小组的汇报情况、任务工单的抽查结果和表 4-3，对各小组进行打分。学生根据自己所在小组的得分

和自己在任务实施过程中的表现进行自我评价。

表 4-3　任务评价表

评价内容	分值	教师评分	自我评价
分工明确，任务完成度高	25		
任务工单填写认真，字迹工整，答案正确	25		
汇报流畅，语言清晰，举止大方	25		
能够正确解答其他小组成员提出的问题	25		
合计	100		

相关知识

一、乘客信息系统的功能

乘客信息系统（passenger information system, PIS）是指依托多媒体技术，以计算机技术为核心，以车站和车站显示终端为媒介，向乘客提供信息服务的系统。其中，车站显示终端包括乘客信息显示屏（见图 4-1）、车站终端查询屏等。

图 4-1　乘客信息显示屏

扫一扫

乘客信息系统的应用实例

乘客信息系统是提高城市轨道交通运营管理水平、扩大城市轨道交通服务范围的有效工具，对保障城市轨道交通的运营效率和安全具有积极作用。城市轨道交通应设置完善的乘客信息系统，为乘客提供规范、有效、及时的信息。在正常情况下，乘客信息系统可提供列车时间信息、乘客导乘信息、票务政策信息、乘车指引信息、运营安全信息、政府公告等实时多媒体信息和广告；在火灾、地震、恐怖袭击等非正常情况下，乘客信息系统可提供动态紧急疏散信息。

乘客信息系统的主要功能如下：

（1）信息发布。乘客信息显示屏会根据控制中心预先编辑设定的时间表，以不同语种（如中英双语）自动向乘客提供预先编辑好的列车运营信息和公共媒体信息（如重大新闻、社会事件、实时气象、公告等）。

（2）紧急通知。遇到紧急情况时，控制中心可通过乘客信息显示屏向乘客提供快速撤离信息。

（3）广告发布。乘客信息显示屏能够以文字、视频、图片等多种形式发布广告，有助于提高城市轨道交通运营组织的运营效益。

（4）信息查询。乘客利用车站终端查询屏可查询地面交通信息、电子地图、票价信息等。

（5）实时信息显示。乘客信息显示屏具有实时转播电视直播、监控终端画面等功能，还可以通过数字显示或模拟时钟等方式实时显示时间。

二、乘客信息系统的构成

乘客信息系统主要由路网层乘客信息系统、线路中心层乘客信息系统、车站层乘客信息系统构成。

（一）路网层乘客信息系统

路网层乘客信息系统是全路网乘客信息发布中心，用于各类数据的收集、分析、编辑、存储、传输、内容审计等工作，并且具有监控和管理路网所有设备的功能。路网层乘客信息系统由路网级核心平台、播控子系统、数据管理子系统、数据处理子系统、接口子系统、网管终端等构成。

（1）路网级核心平台：主要承担各类信息的接收、处理、编辑、发布等任务，由核心服务器、视频流服务器、操作员工作站、播出控制工作站等设备构成。

（2）播控子系统：主要承担各类节目的录制、定期直播、应急直播、策划演播、录音等任务，由直播摄录设备、编辑设备等构成。

（3）数据管理子系统：主要用于存储路网层乘客信息系统运行所产生的数据，由存储服务器、磁盘阵列等设备构成。

（4）数据处理子系统：主要用于过滤、筛选、处理路网层乘客信息系统所收集的数据，由各类服务器组成。

（5）媒体编辑子系统：主要用于编辑加工视频和音频，由非线性编辑设备、音视频切换矩阵、编解码设备、视频流服务器、播出预览装置等构成。

（6）广告子系统：主要用于编辑、审核、发布广告，由非线性编辑设备、编辑录像机、屏幕编辑预览装置等构成。

（7）接口子系统：主要用于传输路网层乘客信息系统内部及其与外部各系统间的数据，宜配置前端处理器等。

（8）网管终端：为路网层乘客信息系统提供安全保障，具备信息安全处置能力，由路由网关、防火墙、网闸、入侵检测设备等构成。

（二）线路中心层乘客信息系统

线路中心层乘客信息系统主要接收路网层乘客信息系统传输的音视频信号，并通过适当的处理，将其转换为本线路的音视频内容再传输至车站层乘客信息系统，同时将线路级运营、行车相关信息，线路级关键设施设备的运行、维护、维修状态信息等数据收集并上传至路网层乘客信息系统。

线路中心层乘客信息系统由中心应用服务器、视频流服务器、线路网管服务器、工作站、音视频切换矩阵、音视频编解码器、信息存储设备等构成。

（三）车站层乘客信息系统

车站层乘客信息系统主要接收线路中心层乘客信息系统传输的信息与播放列表，并在本站显示终端上进行信息发布。此外，车站层乘客信息系统还具有以下功能：① 管理车站级播放控制设备、显示终端、查询设备等；② 日志记录与上传；③ 紧急信息编辑与发布；④ 与广播系统联动；⑤ 多区域屏幕分割并独立播出、控制，使不同的显示终端可显示不同的播放内容。

三、乘客信息显示设备的布置

（一）监控器的布置

监控器（见图 4-2）一般设置在车站控制中心，用于对车站层乘客信息系统中的设备进行监控与管理。

图 4-2　乘客信息系统的监控器

（二）显示终端的布置

显示终端包括车站显示终端和列车显示终端。显示终端一般设置在客流集中的区域，如出入口、出入口通道、站厅、上行站台、下行站台、换乘通道、列车客室车厢等，方便更多乘客观看。显示终端显示的内容应能对乘客起引导作用，且应简洁，避免乘客因长时间观看而滞留或发生意外。

显示终端的布置要求具体如下：

（1）应在所有车站出入口设置显示终端。

（2）宜在车站出入口通道和换乘通道内设置显示终端，且间距不宜大于 50 m。

（3）应在站厅内进站客流流线上设置显示终端，且间距不宜大于 50 m。

（4）应在车站站台设置显示终端，站台单侧 20 m 可视范围内宜至少设置一台显示终端。

（5）应在列车客室车厢所有车门的一侧设置一台显示终端。

（6）可根据建筑、装修等的要求对显示终端的位置进行优化设计。

四、乘客信息显示的优先级

显示终端上所显示的信息按优先级由高到低依次为：紧急灾难信息、列车服务信息、乘客引导信息、一般站务信息及公共信息、商业信息。

高优先级的信息先显示，相同优先级的信息按时间的先后顺序显示。高优先级的信息可打断低优先级信息的播出，低优先级的信息不能打断高优先级信息的播出。例如，车站发生紧急情况时，乘客信息系统会优先播报紧急通知，并中断其他信息的播出。

科技创新

昆明地铁智慧车站上线

2024 年 1 月 2 日 10:00，昆明地铁 2 号线火车北站人来人往，在 B 出入口附近，一块电子显示屏特别醒目。该显示屏主要起信息引导作用，上面清晰显示下一班列车到达本站的时间。此外，乘客选择该显示屏上的“失物招领”图标，即可查看失物的遗失日期、物品名称、所在站点等信息，如“2024 年 1 月 1 日，一个黑色单肩斜挎包，塘子巷站”，便于认领失物。

走进昆明地铁 2 号线火车北站，可以看到进站口、出站口的自动检票机和站厅大屏幕附近均设有新型智能客服设备，该设备主要用于为乘客提供智能客服服务、远程座席服务和智能导乘服务。

智能客服设备能够主动识别票卡问题，通过动画和文字提示，引导乘客自助处理票务业务。“当乘客持有票卡却由于某些原因无法进站乘车时，不用再像以前那样前往客服中心处理，只需在一旁的智能客服设备上选择‘无法进站’图标，然后按照步骤操作便能解决无法进站问题。”地铁工作人员介绍说。

远程座席服务包括一键呼叫人工协助、一对一在线服务两个功能。当乘客遇到无法自助处理的票务问题或其他问题时，只需在智能客服设备上选择“人工服务”图标，即可与客服工作人员进行视频通话，必要时，客服人员还可以代替乘客进行操作，为乘客提供“一对一在线服务”。

智能导乘服务可以为乘客提供票务、公告等综合信息和站点周边景点、商圈等生活资讯。

此外，站厅和站台还设有票务电子屏、电子公告栏、交互式综合资讯电子屏，以引导乘客顺利进站和迅速出站。

（资料来源：杨文爽，《昆明地铁“智慧车站”上线》，《都市时报》，2024 年 1 月 3 日）

任务二　熟悉客运服务标志

任务引入

地铁作为快捷、方便的城市轨道交通工具之一，在解决城市交通拥堵、提高出行效率方面发挥着巨大作用。北京、上海等国际大都市的地铁网络十分发达，同一个地铁站的进出口数量多，并且有些地铁站与火车站连通。为方便乘客乘车，地铁站设有各种客运服务标志。

客运服务标志具有传递正确的方位信息，帮助乘客快速找到正确路线的作用。客运服务标志包括自动售票机位置标志，出口位置标志，卫生间位置标志，乘车、换乘导向标志，禁止吸烟标志，小心地滑标志，轨道交通线路网络图，等等。

为了进一步提高城市轨道交通客运标志设计与设置的规范化、统一化、标准化水平，满足乘客对乘车信息的需求，多个城市先后修订或计划修订本市的城市轨道交通客运标志设计规范。例如，由某市交通委员会组织修订的城市轨道交通客运标志设计规范中不仅增加了第三卫生间标志、母婴室标志等位置标志，也规定了请勿外放声音等禁止行为标志。

思考：

（1）什么是客运服务标志？

（2）客运服务标志有哪些作用？

（3）客运服务标志可以分为哪些类型？各有哪些常见标志？

（4）客运服务标志的设置原则有哪些？

任务工单

任务名称：________	班　　级：________	学　　时：________
姓　　名：________	学　　号：________	实训场地：________

任务描述：

全班学生分组讨论、分析任务引入中提出的问题，达成一致意见后，以小组为单位在课堂上汇报讨论结果与任务实施过程。

任务目的：

（1）熟悉客运服务标志的类型。

（2）熟悉客运服务标志的设置原则。

一、知识储备

阅读任务引入中的案例，思考任务引入中提出的问题，带着问题学习相关知识，并完成以下练习题。

1. 填空题

（1）__________是指为乘客提供位置信息、方向信息、安全信息、综合信息等的标志。

（2）__________是指由图形标志和（或）文字标志组成，用于标明服务设施设备或服务功能区所在位置的公共信息标志。

（3）__________导向标志应设置在乘客通往站台的通行区域的相应位置。

（4）在道路的分叉口或人流的分流点、转向处，必须设置相应的________标志。

2. 判断题

（1）客运服务设施位置标志的内容应包括图形符号和文字注释。（　　）

（2）乘车、换乘导向标志的内容应包括箭头、线路名称、线路标志色，不宜包括文字注释等。（　　）

（3）提示标志是指警告乘客注意危险的标志，包括小心站台间隙标志、小心夹手标志等。（　　）

（4）【竞赛题】通道、出入口的明显位置应设置清晰的导向标志引导客流进站、换乘、出站。（　　）

3. 简答题

简述客运服务标志的作用。

二、任务分工

全班学生自由分组，每组3～5人，从中选出一名组长，由组长负责任务分工、过程记录、结果整理等工作。组长将小组成员的姓名与任务分工情况填入表4-4中。

表 4-4　小组成员的姓名与任务分工情况

成员姓名		任务分工
组长		
组员		

三、任务实施

（1）以小组为单位，根据任务引入、任务描述和本任务所学知识分析表 4-5 中的问题，达成一致意见后，各小组成员填写该表。

表 4-5　需要分析的问题与填写的答案

需要分析的问题	填写的答案
客运服务标志可以分为哪些类型？	
常见的安全标志有哪些？（举例说明）	
客运服务标志的设置原则有哪些？	
补充与修改：	

（2）各小组派出代表在课堂上汇报自己小组的讨论结果与任务实施过程，并解答其他小组成员提出的问题。教师对各小组的汇报情况进行点评。

（3）小组成员结合教师的点评和其他小组的汇报内容，对自己填写的答案进行必要的补充与修改。

四、任务评价

教师抽查各小组中任意一名成员的任务工单，然后根据各小组的汇报情况、任务工单的抽查结果和表 4-6，对各小组进行打分。学生根据自己所在小组的得分和自己在任务实施过程中的表现进行自我评价。

表 4-6　任务评价表

评价内容	分值	教师评分	自我评价
分工明确，任务完成度高	25		
任务工单填写认真，字迹工整，答案正确	25		
汇报流畅，语言清晰，举止大方	25		
能够正确解答其他小组成员提出的问题	25		
合计	100		

相关知识

一、什么是客运服务标志

客运服务标志是指为乘客提供位置信息、方向信息、安全信息、综合信息等的标志。客运服务标志应规范、协调、清晰、明确、易懂、易辨、易记，能给乘客提供必要的指导、提示和警示，以方便乘客出行，保证乘客安全。

客运服务标志能够引导乘客按指定的路线快速进站、乘车、换乘、出站等，从而减少乘客在车站的无效停留时间，降低车站发生拥堵的概率。

二、客运服务标志的类型

客运服务标志可分为位置标志、导向标志、安全标志和综合信息标志。

（一）位置标志

位置标志是指由图形标志和（或）文字标志组成，用于标明服务设施设备或服务功能区所在位置的公共信息标志。常见的位置标志包括车站位置标志、客运服务设施位置标志、检票设施位置标志、出口位置标志、公共服务设施位置标志等。

1. 车站位置标志

车站位置标志应设置在车站出入口的醒目位置，其内容应包括车站名称、线路名称及线路标志色，宜包括出入口编号、文字注释等。

2. 客运服务设施位置标志

客运服务设施位置标志的内容应包括图形符号和文字注释。常见的客运服务设施位置标志包括自动售票机位置标志、自动查询机位置标志、自动充值机位置标志、乘客服务中心位置标志、无障碍电梯位置标志等。

3. 检票设施位置标志

检票设施位置标志一般设置在检票设施的上方，如图 4-3 所示。其内容应包括检票设施图形符号和文字注释，标志背面应统一设置禁止进入符号。

图 4-3 检票设施与检票设施位置标志

4. 出口位置标志

出口位置标志的内容应包括出口编号、文字注释，宜包括周边地理信息、方位。出口位置标志应设置在车站出入口内的相应位置。

5. 公共服务设施位置标志

公共服务设施位置标志的内容应包括公共服务设施图形符号，可包括文字注释。常见的公共服务设施位置标志包括卫生间位置标志（见图 4-4）、警务室位置标志等。

图 4-4 卫生间位置标志

（二）导向标志

通道、出入口的明显位置应设置清晰的导向标志引导客流进站、换乘、出站。导向标志是指由图形标志和（或）文字标志与箭头符号组合而成，用于指示通往目的站的路线的公共信息标志。常见的导向标志包括站外导向标志，乘车、换乘导向标志，客运服务设施导向标志，站台导向标志，出站导向标志，公共服务设施导向标志，等等。

合理设置车站导向标志的案例

1．站外导向标志

站外导向标志的内容应包括箭头和城市轨道交通位置标志，宜包括线路名称、线路标志色、车站名称，可包括距车站的距离等。站外导向标志宜在城市轨道交通车站周边500 m范围内的公交车站、商业设施、交叉路口等人流密集的地点连续设置。

2．乘车、换乘导向标志

乘车、换乘导向标志的内容应包括箭头、线路名称、线路标志色，宜包括文字注释等。图4-5所示为换乘导向标志。

图4-5　换乘导向标志

3．客运服务设施导向标志

客运服务设施导向标志的内容应包括箭头、图形符号，可包括文字注释。常见的客运服务设施导向标志包括自动售票机、自动查询机、自动充值机、乘客服务中心、自动扶梯、自动人行步道、轮椅升降梯、楼梯等的导向标志。一般来说，客运服务设施导向标志应设置在乘客通往该设施的通行区域的相应位置。

4．站台导向标志

站台导向标志的内容应包括箭头、列车行进方向的文字注释，可包括线路名称及线路标志色等。站台导向标志应设置在乘客通往站台的通行区域的相应位置。

5．出站导向标志

出站导向标志的内容应包括箭头、出入口编号，宜包括车站周边信息、文字注释、方位。出站导向标志应设置在站台通往出口的通行区域的相应位置。

6．公共服务设施导向标志

公共服务设施导向标志的内容应包括箭头、图形符号，可包括文字注释等。常见的公共服务设施导向标志包括卫生间导向标志、警务室导向标志等。公共服务设施导向标志应设置在乘客通往该设施的通行区域的相应位置。

课堂活动

你在乘坐城市轨道交通列车时，有没有因客运服务标志信息不明确而乘错车的情况？请描述该客运服务标志的内容。

（三）安全标志

安全标志是指用颜色和几何图形表达通用的安全信息，并通过附加图形符号表达特定安全信息的标志。城市轨道交通中常见的安全标志包括禁止标志、警告标志、提示标志和消防安全标志等。

1．禁止标志

禁止标志是对乘客的行为加以禁止或限制的标志。常见的禁止标志有禁止吸烟标志、禁止饮食标志等。

2．警告标志

警告标志是指警告乘客注意危险的标志。常见的警告标志有小心站台间隙标志、小心夹手标志等。

3．提示标志

提示标志是指提示乘客安全避险的标志。常见的提示标志包括紧急出口标志（见图 4-6）、小心台阶标志、小心地滑标志等。

图 4-6　紧急出口标志

4．消防安全标志

消防安全标志由安全色、几何图形、表示特定消防安全信息的图形符号构成。常见的消防安全标志包括火灾报警装置标志、灭火设备标志、紧急疏散逃生标志等。

（四）综合信息标志

综合信息标志由图标、文字构成，包括运营时间标志、轨道交通线路网络图、线路图、票价表、车站所在街区引导图（见图 4-7）、定时运营信息、公告等，可为乘客提供大量的城市轨道交通相关信息。

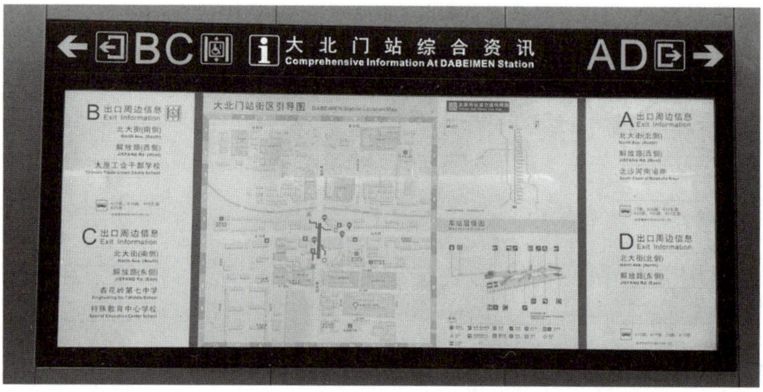

图 4-7　车站所在街区引导图

三、客运服务标志的设置原则

客运服务标志的设置原则如下：

（1）客运服务标志应设置在明显的位置（如出入口通道的正上方），且不能被广告牌或其他设施、设备遮挡。

（2）客运服务标志要对乘客起到正确的指引作用，满足乘客在进站乘车、下车出站、站内换乘时对信息的需求。

（3）在道路的分叉口或人流的分流点、转向处，必须设置相应的导向标志。

（4）在客运服务设施和公共服务设施处，应设置相应的位置标志。

（5）消防安全标志的设置既要符合国家相关法律法规的规定，又要遵守当地的消防规定。

任务三　熟悉广播系统

任务引入

2023 年 5 月，有市民在某市人民政府官网反映当地地铁语音播报和滚动条内容过于啰唆，容易导致乘客坐过站或坐错列车，建议地铁运营公司优化地铁广播和滚动条的内容。

该市民提出以下建议：① 精简广播内容，只留下必要的信息（如当前站站名、下一站站名、换乘信息等），去掉不重要的信息；② 优化滚动条上的内容，不应将广播内容一字不落地显示在滚动条上，滚动条上应直接显示下一站、列车终点站等重要信息，减少乘客看滚动条需要等待的时间。

针对上述建议，相关地铁集团有限公司做出了如下回复："针对您提出的建议，本公司将适当降低某些广播的发布频次，并在噪音较大区段的广播中增加部分基础运营信息发布的频次。"

（资料来源：沈思怡、车佳楠，《地铁部分线路已调整报站信息》，《解放日报》，2023 年 5 月 19 日）

思考：

（1）广播系统具有哪些功能？

（2）广播系统由哪些部分构成？

（3）紧急广播的类型与相应的广播用语有哪些？

任务工单

任务名称：__________　班　　级：__________　学　　时：__________

姓　　名：__________　学　　号：__________　实训场地：__________

任务描述：

全班学生分组讨论、分析任务引入中提出的问题，达成一致意见后，以小组为单位在课堂上汇报讨论结果与任务实施过程。

任务目的：

（1）熟悉广播系统的作用。

（2）熟悉广播系统的功能、构成与广播信息的优先级。

（3）掌握常用的广播用语。

一、知识储备

阅读任务引入中的案例，思考任务引入中提出的问题，带着问题学习相关知识，并完成以下练习题。

1．填空题

（1）__________是指由为城市轨道交通相关区域服务的所有公共广播设备、设施及公共广播覆盖区的声学环境形成的有机整体。

（2）广播系统具有__________功能，工作人员可预先按编组操作程序对任意车站、任意广播区进行编组。

（3）控制中心广播系统由__________、电力调度广播控制台、环控调度广播控制台构成。

（4）车站广播控制台对________的播音具有优先权。

（5）广播信息的优先级由高到低依次为__________、__________、常规广播。

2．判断题

（1）广播系统具有监听功能，工作人员只能利用控制中心广播控制台的广播控制终端，监听其所管辖的任意广播区的广播内容。（　　）

（2）一般运营延误广播、故障延误广播、区间清客广播都属于紧急广播。（　　）

（3）【竞赛题】行车广播优先于消防广播。（　　）

3．简答题

简述广播系统的作用。

二、任务分工

全班学生自由分组，每组 3～5 人，从中选出一名组长，由组长负责任务分工、过程记录、结果整理等工作。组长将小组成员的姓名与任务分工情况填入表 4-7 中。

表 4-7　小组成员的姓名与任务分工情况

成员姓名		任务分工
组长		
组员		

三、任务实施

（1）以小组为单位，根据任务引入、任务描述和本任务所学知识分析表 4-8 中的问题，达成一致意见后，各小组成员填写该表。

表 4-8　需要分析的问题与填写的答案

需要分析的问题	填写的答案
广播系统具有哪些功能？	
广播系统由哪些部分构成？	
紧急广播的类型与相应的广播用语有哪些？	
补充与修改：	

（2）各小组派出代表在课堂上汇报自己小组的讨论结果与任务实施过程，并解答其他小组成员提出的问题。教师对各小组的汇报情况进行点评。

（3）小组成员结合教师的点评和其他小组的汇报内容，对自己填写的答案进行必要的补充与修改。

四、任务评价

教师抽查各小组中任意一名成员的任务工单，然后根据各小组的汇报情况、任务工单的抽查结果和表 4-9，对各小组进行打分。学生根据自己所在小组的得分和自己在任务实施过程中的表现进行自我评价。

表 4-9 任务评价表

评价内容	分值	教师评分	自我评价
分工明确，任务完成度高	25		
任务工单填写认真，字迹工整，答案正确	25		
汇报流畅，语言清晰，举止大方	25		
能够正确解答其他小组成员提出的问题	25		
合计	100		

相关知识

一、广播系统概述

广播系统（public address system, PAS）是指由为城市轨道交通相关区域服务的所有公共广播设备、设施及公共广播覆盖区的声学环境形成的有机整体。

广播系统的作用主要包括：① 播报列车运行、乘车安全等信息；② 播放音乐，以改善候车和乘车环境；③ 播报防灾防病科普知识；④ 播报紧急情况通知；⑤ 向工作人员发布作业命令和通知。广播系统的功能如表 4-10 所示。

表 4-10 广播系统的功能

功能	主要内容
预示音功能	在每次播报前，广播喇叭会发出预示音，提醒乘客注意。工作人员可通过车站广播控制终端控制广播预示音的开启和关闭
应急广播功能	车站广播控制台设有“应急”广播按键，当车站广播系统出现故障时，工作人员按下“应急”广播按钮，利用车站广播控制台的话筒可直接向车站所有广播区发布应急广播信息
广播编组功能	为简化广播操作，满足同时向多个广播区发布广播信息的需求，工作人员可预先按编组操作程序对任意车站、任意广播区进行编组。在广播时，工作人员只需要按下编组序号所对应的按钮，即可向预先编组的各个广播区发布广播信息
平行广播功能	广播系统可将不同来源的音频信号通过不同的信息通道发送给不同广播区的多个设备，使它们同时播报相同或不同的广播内容

（续表）

功能	主要内容
旅客信息系统联动功能	广播系统可将不同的广播与乘客信息系统连接，接收乘客信息系统提供的信息。例如，将站台自动广播与列车服务信息（如列车即将进站、进站、离站信息）连接，将末班车广播、服务中止广播、车站控制广播与站务信息连接，等等。收到乘客信息系统提供的信息后，广播系统会自动播报相应的广播内容
监听功能	控制中心广播控制台和车站广播控制台的广播控制终端设有监听电路和监听扬声器，工作人员可利用广播控制终端监听其所管辖的任意广播区的广播内容
一键取消功能	控制中心广播控制台和车站广播控制台的广播控制终端设有“一键取消”按钮，工作人员如果出现误播或发现其他工作人员误播，可按“一键取消”按钮，立即关闭正在播报的广播
集中录音功能	控制中心广播控制台、车站广播控制台和站台广播控制终端均设有录音输出接口，可将所有人工话筒广播内容送往中心通信集中录音系统进行自动录音
双语广播功能	广播系统能按照预先设定的播报内容，自动使用普通话和英语进行双语广播
无线广播功能	控制中心广播控制台和车站广播控制台的广播控制终端均设有无线广播接口，控制中心的工作人员可通过无线终端让指定的广播区播报指定的内容，车站工作人员可通过无线终端控制站内广播的内容

二、广播系统的构成

广播系统由控制中心广播系统、车站广播系统、车辆段广播系统三个相互独立、相互影响的子系统构成。

（一）控制中心广播系统

控制中心广播系统由行车调度广播控制台（见图 4-8）、电力调度广播控制台、环控调度广播控制台构成，它们均配有广播区域控制盘和传声器。这三个广播控制台之间互锁，即在同一时间内只允许其中一个广播控制台播报内容。控制中心的广播信号通过脉冲编码调制信号通道传送至车站的控制单元，并显示在相应的广播控制台上，经放大后，通过专用的屏蔽广播线传送至所选车站。

图 4-8　行车调度广播控制台

工作人员可利用控制中心的广播控制台向所有车站的所有区域发布广播信息，也可对某个车站的某个区域有选择性地发布广播信息。

（二）车站广播系统

车站广播控制台配有广播区域控制盘和传声器，在通信室还设有前置放大器、功率放大器等设备和接口控制单元。车站广播控制台对本站的播音具有优先权。车站广播系统示意图如图 4-9 所示。

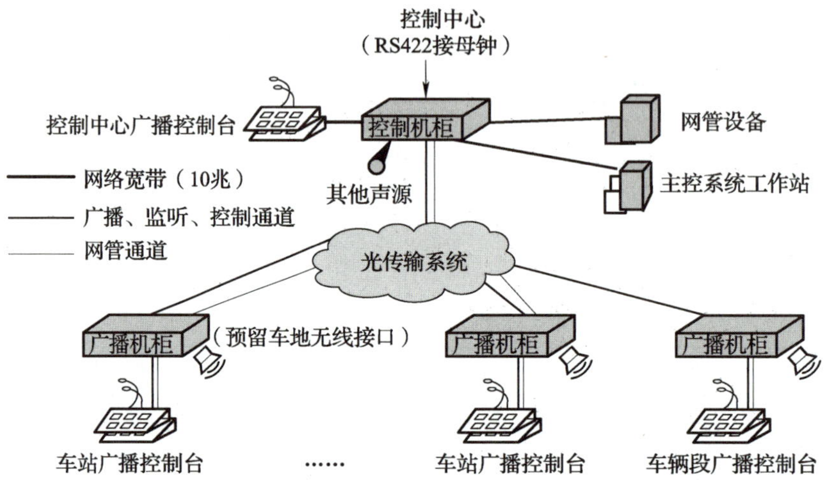

图 4-9　车站广播系统示意图

工作人员按下车站广播控制台的控制钮后，相应区域的广播电路接通，控制中心传来的广播信号中断；然后选择相应的车站广播信号，该信号经过接口控制单元后，所选区域内的所有广播便可根据列车运行状况实现自动播报。

为了提高广播的可靠性，每个广播区内的扬声器均由两个音频放大器驱动，其中一个音频放大器发生故障时，扬声器仍能保证基本的音量。此外，站台的广播区还应配备自动音量控制装置，使广播的音量始终比该区域内噪声的音量高 10 dB 左右，以保证乘客能听清广播内容。

（三）车辆段广播系统

车辆段广播系统所管控的广播区主要包括车辆段入口区域、维修区域、车库区域三部分。车辆段广播系统分别设有供维修值班员、信号楼控制室值班员、车辆段列车调度员使用的广播控制台。三个广播控制台都配有传声器、操作控制器、对讲控制台。机房内设有广播设备，用于放大广播信号和选择控制广播区。

此外，车辆段广播系统还设有对讲分机。对讲分机通过电缆与三个广播控制台的对讲控制台相连，车辆段的工作人员操控对讲分机，能够与各处对讲控制台的值班员直接通话。此外，还可根据需要，将对讲分机分成若干个分机组，使其分布在各个广播区。

三、广播信息的优先级

控制中心的工作人员可通过控制中心的广播控制台向全线所有车站、任意一个车站或多个车站的所有广播区、任意一个车站的任一广播区或多个广播区发布广播信息；车站值班员可通过车站广播控制台对本站的所有广播区、多个广播区或单个广播区发布广播信息。

广播信息的播报顺序以播报时间和广播信息的优先级来决定。当有多条信息需要播报时，城市轨道交通广播系统会根据预先设定的程序判断广播信息的优先级，先播报优先级高的信息。广播信息的优先级由高到低依次为紧急广播、特殊广播、常规广播。

四、常用的广播用语

预先设定一些常用的广播用语，然后通过广播系统向乘客播报，能够有效提高工作效率，避免出现口误，从而给乘客提供更好的导乘服务。常用的广播用语如表 4-11 所示。

表 4-11　常用的广播用语

类型		广播用语
常规广播	离站广播	“列车运行前方是××站，下车的乘客请提前做好准备。”“列车运行前方是××站，××站是换乘站，需要换乘的乘客下车后可换乘到×号线。”
	到站广播	“××站到了，需要在该站下车的乘客请下车。”
	列车服务广播	“各位乘客，乘车时请先下后上，有序乘车。”“车门关闭时，请不要靠近车门。”“请小心列车与站台之间的间隙。”“请握紧扶手，谢谢配合！”“列车运行中，请不要倚靠车门，谢谢配合！”“各位乘客请注意！地铁车厢内严禁饮食、吸烟、乱扔杂物，请大家共同协助保持好车厢环境，谢谢配合！”
特殊广播	一般运营延误	“乘客请注意，本次列车将延迟到站。敬请原谅！”
	因故障行驶缓慢	“各位乘客，由于××，本次列车将慢速行驶。敬请原谅！”
	因故障延误	“由于设备故障，本次列车将延误。敬请原谅！”
	停止运营服务	“各位乘客，本次列车将停止运营服务，请您携带好随身物品，有序下车，在站台上等候下次列车。”
	区段运行	“各位乘客，本次列车的终点站是××站，给您出行带来不便，敬请谅解！”
	紧急停车	“各位乘客，列车现在紧急停车，请您握紧扶手，防止滑倒、碰伤。谢谢您的配合！”
紧急广播	区间清客	“请注意！列车无法继续运行，请全体乘客朝车头方向移动，按照工作人员的引导前往下一站。请您注意安全，不要拥挤，避免受伤。”

（续表）

类型		广播用语
紧急广播	紧急撤离（列车在站台）	“请注意！现在发生紧急情况，请全体乘客立即离开车厢。请您注意安全，不要拥挤，避免受伤。”
	列车通过不停车	“本次列车在××站不停车，去往××站的乘客请在站台等候下次列车。由此给您带来的不便，敬请谅解！”
	车门故障	“乘客请注意！现在列车×号车厢的×号车门不能开启，下车的乘客请从其他车门下车。由此给您带来的不便，敬请谅解！”
	封站	“各位乘客请注意！根据上级指示，现在×线××站至××站的列车将暂停运营。去往上述车站的乘客，请按照指示标志在××（位置）转乘××公司提供的免费接驳专车。给您带来的不便，敬请谅解！”

课堂活动

你还在城市轨道交通车站听到过哪些广播用语？请尝试复述其内容。

素养提升馆

舒缓通勤节奏，聆听曼妙旋律

2021 年 5 月 25 日，深圳地铁所辖 10 条线路中的 27 个车站试点推出原创轻音乐广播，旨在舒缓乘客的情绪，为乘客提供更优质的出行服务。而在此之前，深圳地铁车站主要通过人声语音为乘客播报列车进站信息、安全文明出行提醒等内容。

本次试点推出的原创轻音乐广播是在人声语音广播的基础上新增了原创轻音乐元素，试点持续时间约为 1 个月，在此期间，车站会根据设备使用、乘客反馈信息、实时客流等情况对原创轻音乐广播进行相应优化，鼓励乘客在候车过程中放下手机倾听音乐、享受音乐。

为了探索让乘客在乘坐地铁时获得最佳听感体验的广播模式，本次 27 个试点车站播放的广播内容和播放时间略有不同。其中，地铁 1、2、8、11 号线的罗湖、世界之窗、车公庙等 9 个车站在平峰时段轮流播放人声语音广播和轻音乐广播，在高峰期播放混音广播（纯音乐和人声语音）；地铁 5、9、10 号线的布吉、下沙、坂田北等 9 个车站在平峰时段播放混音广播；地铁 3、6、7 号线的少年宫、阳台山东、华强北等 9 个车站在平峰时段轮流播放纯音乐广播和人声语音广播。

（资料来源：《深圳地铁开“音乐会”！27 座车站上线原创音乐！》，深圳新闻网，2021 年 5 月 27 日）

学习成果评价

请进行项目评价，并将评价结果填入表 4-12 中。

表 4-12　项目评价表

<table>
<tr><td>班级</td><td></td><td>组号</td><td></td><td>日期</td><td colspan="2"></td></tr>
<tr><td>姓名</td><td></td><td>学号</td><td></td><td>指导教师</td><td colspan="2"></td></tr>
<tr><td>项目名称</td><td colspan="6">乘客信息系统、客运服务标志和广播系统</td></tr>
<tr><td>评价项目</td><td colspan="3">评价内容</td><td>分值</td><td>自我评分</td><td>教师评分</td></tr>
<tr><td rowspan="5">理论知识（40%）</td><td colspan="3">乘客信息系统的功能、构成</td><td>10</td><td></td><td></td></tr>
<tr><td colspan="3">乘客信息显示设备的布置与乘客信息显示的优先级</td><td>5</td><td></td><td></td></tr>
<tr><td colspan="3">客运服务标志的类型和设置原则</td><td>10</td><td></td><td></td></tr>
<tr><td colspan="3">广播系统的作用、功能、构成</td><td>10</td><td></td><td></td></tr>
<tr><td colspan="3">广播信息的优先级与常用的广播用语</td><td>5</td><td></td><td></td></tr>
<tr><td rowspan="3">实践技能（40%）</td><td colspan="3">能够讲清楚乘客信息系统的构成，并合理设置乘客信息系统的显示优先级</td><td>15</td><td></td><td></td></tr>
<tr><td colspan="3">能够分清各种客运服务标志，并正确设置客运服务标志</td><td>15</td><td></td><td></td></tr>
<tr><td colspan="3">能够讲清楚广播系统的构成，并正确操作广播控制终端，使用正确的广播用语进行广播</td><td>10</td><td></td><td></td></tr>
<tr><td rowspan="3">综合素养（20%）</td><td colspan="3">具有良好的学习态度</td><td>6</td><td></td><td></td></tr>
<tr><td colspan="3">具有较强的服务意识</td><td>7</td><td></td><td></td></tr>
<tr><td colspan="3">具有较强的安全防范意识和责任意识</td><td>7</td><td></td><td></td></tr>
<tr><td colspan="4">合计</td><td>100</td><td></td><td></td></tr>
<tr><td colspan="4">总分（自我评分×40%+教师评分×60%）</td><td></td><td></td><td></td></tr>
<tr><td>自我评价</td><td colspan="6"></td></tr>
<tr><td>教师评价</td><td colspan="6"></td></tr>
</table>

项目五

给排水系统和消防系统

项目引言

给排水系统和消防系统是保证城市轨道交通正常运转的重要基础设施。城市轨道交通运营组织应在车站、线路、车辆段等处建设良好的给排水系统，以满足城市轨道交通运营中的生产、生活和消防用水对水量、水质和水压的要求，保证运营场地排水畅通，同时对生产、生活污水进行收集和处理。此外，城市轨道交通运营组织还应严格按照国家标准和规范建设消防系统，以保证车站和列车运行的安全。

学习目标

本项目的学习目标如下。在学习本项目后，根据自己对知识和技能的掌握情况，以及素质提高情况，进行项目目标评价。

目标	评价内容	评价结果
知识目标	了解给排水系统的构成和常用设备	□是　□否
	熟悉给排水系统的操作规程	□是　□否
	熟悉火灾自动报警系统的结构与构成	□是　□否
	熟悉自动灭火系统的分类与选择	□是　□否
技能目标	掌握给排水系统的维护与故障处理	□是　□否
	掌握消防设备与设施的检查、故障处理与维护	□是　□否
素质目标	培养认真负责的工作态度，明白“功在平时，贵在坚持”的道理，做好设备的日常检查与维护工作	□是　□否
	树立消防安全意识，提高火灾紧急应对和处理能力	□是　□否

任务一　给排水系统的操作与故障处理

任务引入

2024 年 1 月 4 日，一位网友在短视频平台上传了一条视频。该视频显示南京市地铁 3 号线的消火栓门被水冲开，水源源不断地从消火栓中喷出并在站台地面上蔓延，两位正在等车的乘客在躲避喷出的水。

针对该视频，南京地铁运营公司的工作人员回复道："该消火栓因水压过大而喷水，当天已修复完毕，公司还将对全站给排水系统进行全面检查，避免此类事件再次发生。"

（资料来源：黄康睿，《南京市地铁三号线消火栓漏水造成积水，回应：已修复，不影响运行》，潇湘晨报网，2024 年 1 月 4 日）

思考：

（1）给水系统与排水系统分别由哪些部分构成？

（2）给排水系统中常用的阀门和水泵有哪些？

（3）给排水系统误喷水时应如何处理？

任务工单

任务名称：________	班　　级：________	学　　时：________
姓　　名：________	学　　号：________	实训场地：________

任务描述：

全班学生分组交流讨论给排水系统的构成、操作规程、维护与故障处理等内容，并在课堂上进行分享。

任务目的：

（1）了解给排水系统的构成和常用设备。

（2）熟悉给排水系统的操作规程。

（3）掌握给排水系统的维护与故障处理。

一、知识储备

阅读任务引入中的案例，思考任务引入中提出的问题，带着问题学习相关知识，并完成以下练习题。

1. 填空题

（1）__________________主要为维持城市轨道交通正常运营提供满足车站设备、列车设备维修维护及空调运转需要的生产用水和满足饮用、盥洗、洗涤等需要的生活用水。

（2）车站废水排水系统主要由________和__________构成。

（3）__________是指启闭件（阀瓣）借助水压自动阻止水逆流的阀门，可利用启闭件两侧的压力差使阀门完成自动启闭。

（4）__________是指用于输送水、泡沫溶液等液体灭火剂的专用泵。

2. 判断题

（1）高架车站的给水系统采用间接给水方式。（　　）

（2）车站站厅、站台、区间隧道和设备区域均应按规定设置具有手动报警按钮的消火栓箱。（　　）

（3）当水即将倒流时，需要手动关闭止回阀，阻止水逆流。（　　）

（4）为防止管道漏水，应选用质量较好的管材，将管道布置在不易受外力损坏的位置并采取必要的保护措施。（　　）

3. 简答题

预防潜污泵堵塞的方法有哪些？

二、任务分工

全班学生自由分组，每组 3～5 人，从中选出一名组长，由组长负责任务分工、过程记录、结果整理等工作。组长将小组成员的姓名与任务分工情况填入表 5-1 中。

表 5-1　小组成员的姓名与任务分工情况

成员姓名		任务分工
组长		
组员		

三、任务实施

（1）以小组为单位，结合本任务所学知识分析表 5-2 中的问题，达成一致意见后，各小组成员填写该表。

表 5-2　需要分析的问题与填写的答案

需要分析的问题	填写的答案
污水排水系统由哪些部分构成？其工作原理是什么？	
管理生产、生活用水水泵时，应遵守哪些操作规程？	
如何对给排水管道进行防腐、防冻、防漏？	
当给排水系统误喷水时，应如何处理？	
补充与修改：	

（2）各小组派出代表在课堂上汇报自己小组的任务实施结果，并解答其他小组成员提出的问题。教师对各小组的汇报情况进行点评。

（3）小组成员结合教师的点评和其他小组的汇报内容，对自己填写的答案进行必要的补充与修改。

四、任务评价

教师抽查各小组中任意一名成员的任务工单，然后根据各小组的汇报情况、任务工单的抽查结果和表 5-3，对各小组进行打分。学生根据自己所在小组的得分和自己在任务实施过程中的表现进行自我评价。

表 5-3　任务评价表

评价内容	分值	教师评分	自我评价
分工明确，任务完成度高	25		
任务工单填写认真，字迹工整，答案正确	25		
汇报流畅，语言清晰，举止大方	25		
能够正确解答其他小组成员提出的问题	25		
合计	100		

相关知识

一、给水系统的构成

给水系统包括生产、生活给水系统，空调水循环系统和消防给水系统，它们均由市政自来水管网供水。生产、生活给水系统主要提供满足车站设备、列车设备维修维护及空调运转需要的生产用水和满足饮用、盥洗、洗涤等需要的生活用水。空调水循环系统主要为空调系统提供冷却循环用水。消防给水系统主要为各类消防设备供水，对水质要求不高，但必须符合建筑防火规范要求，保证有足够的水量和水压。

（一）生产、生活给水系统

车站生产、生活用水从车站附近的市政自来水大口径水管引出，一般沿风道、人行通道等部位进入车站。引入车站的水管（以下简称“引入管”）一般为两条公称直径为150～200 mm 的水管，它们互为备用。其中一条水管上引出公称直径为 80～100 mm 的水管，作为车站的生产、生活给水总管道。两条引入管上均设有手动蝶阀和电动蝶阀，手动蝶阀平时开启，电动蝶阀平时关闭，并由车站控制室机电控制系统实时监控。

车站的生产、生活给水系统主要由水源（市政自来水）、水池、水泵、水塔（水箱）、气压罐、管道、阀门、水龙头等构成，且与消防给水系统分开设置。两条引入管进站前的部分设有水表和水表井，每条引入管水表前设有室外消火栓和水泵结合器。车站生产、生活给水管道设总阀门，按枝状结构布置，并且只能单向供水。

不同类型车站的生产、生活给水方式不同，相关设施设备也有所不同，具体区别如下。

1. 地下车站生产、生活给水

地下车站的生产、生活给水系统通常采用直接给水方式。采用直接给水方式给水的优点有：① 可靠，给水系统结构简单，建设成本低，安装和维护方便；② 可以充分利用市政自来水水压，节省能源。但是地下车站内无备用水，当市政自来水断供时，地下车站立即停水。

地下车站站厅层给水管道安装在墙壁顶部靠墙一侧，站台层给水管道安装在站台板下，水泵房、环控机房等处均设有水龙头。

2. 地面车站生产、生活给水

地面车站第一层的生产、生活给水系统采用直接给水方式，第二层及以上各层的生产、生活给水系统一般采用间接给水方式。采用间接给水方式的给水系统一般由低位水池、高位水箱和水泵等构成，如图 5-1 所示。低位水池内设有浮球阀，以控制水池的储水量，水泵将低位水池中的水注入高位水箱内，高位水箱内设有水位控制装置。

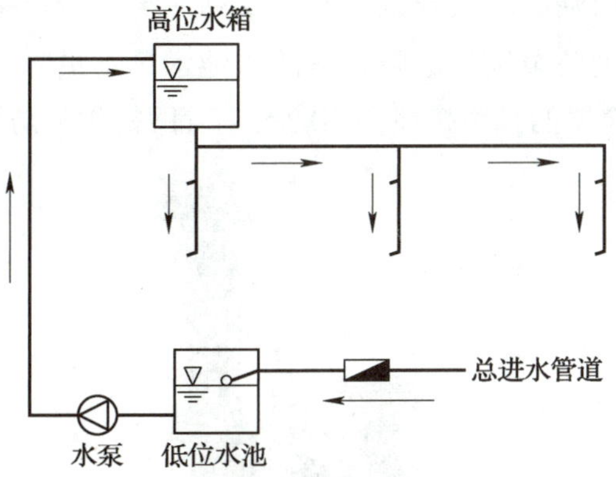

图 5-1　采用间接给水方式的给水系统

地面车站的生产、生活给水系统若采用间接给水方式，当市政自来水断供时，地面车站内的供水仍能保持正常。但是采用间接给水方式的给水系统建设成本高，设备安装、维护、保养比较麻烦。

3．高架车站生产、生活给水

高架车站的给水系统采用间接给水方式，一般由低位水池、低位水箱、水泵等构成，不设高位水箱。

（二）空调水循环系统

空调水循环系统主要由主机、冷冻水循环系统和冷却水循环系统构成。主机部分由压缩机、蒸发器、冷凝器及制冷剂等构成，冷冻水循环系统由冷冻泵、室内风机、冷冻水管道等构成，冷却水循环系统由冷却泵、冷却塔、冷却水管道等构成。

在冷冻水循环系统中，从蒸发器流出的低温冷冻水由冷冻泵加压送入冷冻水管道（出水），冷冻水管道中的水进入室内进行热交换，带走室内的热量，最后又回到蒸发器中（回水）。室内风机用于将空气吹过冷冻水管道，从而降低空气的温度，加速室内的热交换。

冷冻水循环系统在进行室内热交换的同时，会带走室内大量的热能。这些热能在主机内的制冷剂的作用下使冷却水温度升高。冷却泵将升温后的冷却水注入冷却塔（出水）中，使之与大气进行热交换。冷却塔中的冷却水在温度降低后进入冷凝器（回水）。冷却循环补充用水来自生产、生活给水管上引出的一根支管，该支管接冷却塔。

（三）消防给水系统

消防给水系统由水源（如市政自来水、消防水池和消防水箱中的水等），消火栓、消防泵、稳压泵、水泵结合器（见图 5-2）等供水设备和消防给水管网构成。车站站厅、站台、区间隧道和设备区域均应按规定设置具有手动报警按钮的消火栓箱。根据环境条件不同，消火栓可分为地上式、地下式和墙壁式三种，与水泵结合器的距离为15～40 m。水泵结合器的一端接室内消防给水管网并引至室外，另一端用于消防车或移动水泵站向消防给水管网供水。当消防泵发生故障、消防水池水量不足时，可通过室内消火栓从室外取水，再利用水泵结合器的预留接口向消防给水管网提供消防用水。

图 5-2　水泵结合器

车站消防给水管网在车站内形成环状，并与区间消防给水管网连接。发生火灾时，车站控制室机电控制系统自动打开电动蝶阀，以保证消防水压和水量。

二、排水系统的构成

按排出的水的性质划分，排水系统可分为污水排水系统、废水排水系统和雨水排水系统。

（一）污水排水系统

污水排水系统用于排放车站内因盥洗、冲洗便器等产生的污水，主要由集水井、压力窨（yìn）井、化粪池等构成。车站内的污水通过排水管道汇集到集水井，经污水泵加压后运送到压力窨井中，再经消能进入化粪池，在化粪池中经过简单处理后，排入市政污水排水系统，具体过程如图 5-3 所示。

图 5-3　车站污水排水过程

集水井位于污水泵站下方，每个车站通常设一个污水泵站，每个污水泵站设两台污水泵，互为备用。污水泵装有自动耦合装置，设就地电气控制箱和液体浮球，根据集水井水位情况自动排放污水。当集水井水位较高时，两台污水泵同时排水。集水井内通常设有停泵浮球、第一开泵水位浮球、第二开泵水位（高水位）浮球、低水位浮球、高水位报警浮球等。在车站控制室内通过监控遥信，可观察污水泵的运行情况（如开泵、停泵、运行时间等），查看高低水位报警状态。

指点迷津

遥信是对诸如告警情况、开关位置或阀门位置等状态信息的远程监视。

（二）废水排水系统

车站废水主要包括地面冲洗废水、消防废水、结构渗漏水等。车站废水排水系统主要由集水井和压力窨井构成。车站废水经排水管道或排水沟汇集到集水井中，经污水泵加压后运送到压力窨井中，再经消能后排入市政污水排水系统，具体过程如图 5-4 所示。

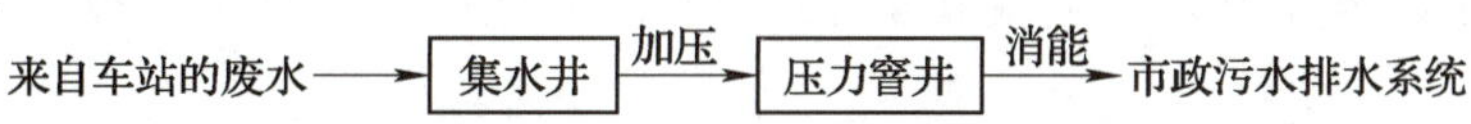

图 5-4　车站废水排水过程

区间隧道设有独立的废水排水系统，其泵房设在区间隧道的最低处。明挖隧道的废水泵房设在隧道外侧或联络通道内，盾构隧道的废水泵房可与联络通道合并。区间隧道内的废水经排水沟集中到废水泵房，最后排入市政污水排水系统。

（三）雨水排水系统

雨水排水系统的构成与车站废水排水系统的基本相同。值得注意的是，当隧道洞口、车站出入口、风亭处的雨水不能自行排放时，宜单独设置排水泵房。

三、给排水系统常用设备

城市轨道交通给排水系统规模庞大，设备众多。城市轨道交通工作人员应熟悉其中常用的阀门和水泵，并掌握其操作方法。

（一）阀门

阀门是安装在压力管道中用来控制水流的设备。城市轨道交通给排水系统中的阀门主要包括闸阀、蝶阀、止回阀（单向阀）、排气阀、安全阀，以及安装在卫生间内的各种冲洗水阀，如水龙头、小便冲洗阀、大便冲洗阀等。

（1）闸阀。闸阀是指启闭件（闸板）由阀杆带动，沿阀座（密封面）做直线升降运动的阀门，主要用于控制管道内水的流速、压力、流量和流向。闸阀安装简便且没有方向区分，启闭省力，但是结构复杂，外形尺寸大，维修不便。闸阀的外观如图 5-5 所示。

图 5-5　闸阀的外观

（2）蝶阀。蝶阀是指启闭件（蝶形板）由阀杆带动，并绕阀杆的轴线做旋转运动的阀门。按驱动方式划分，蝶阀可分为手动蝶阀和电动蝶阀，如图 5-6 和图 5-7 所示。蝶阀质量轻，体积小，操作省力，可调节性好，可实现完全密封，且比闸阀经济。

图 5-6　手动蝶阀

图 5-7　电动蝶阀

（3）止回阀。止回阀是指启闭件（阀瓣）借助水压自动阻止水逆流的阀门，可利用启闭件两侧的压力差使阀门完成自动启闭。当水即将倒流时，止回阀能自动关闭，从而阻止水逆流。止回阀的外观如图 5-8 所示。

图 5-8　止回阀的外观

（4）排气阀。排气阀的主要作用是排除管道内聚集的空气。水中一般溶解了少量的空气，在输送水的过程中，空气从水中不断释放出来，聚集在管道内，挤占管道空间，使输送水变得困难。因此当给水管道线路较长时，需要为其安装排气阀。

（5）安全阀。安全阀是一种保护管道或设备的阀门，其外观如图 5-9 所示。当管道或设备内水的压力高于规定值时，启闭件（阀瓣）自动开启；低于规定值时，启闭件（阀瓣）自动关闭。

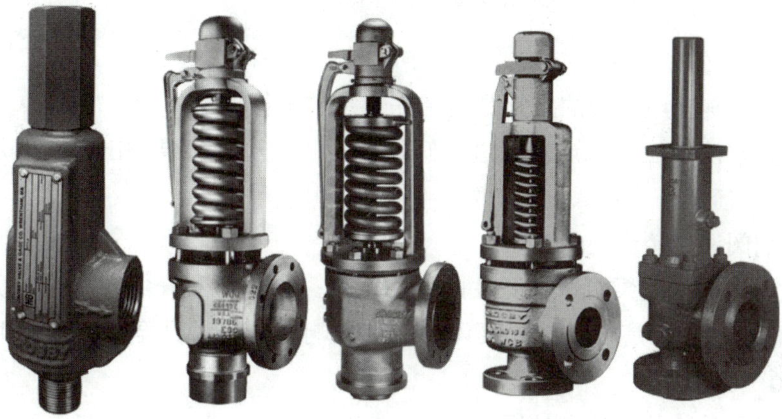

图 5-9　安全阀的外观

（二）水泵

城市轨道交通给排水系统中常用的水泵包括潜污泵（见图 5-10）和消防泵（见图 5-11），两者都是离心泵，但因适用的环境不同，在结构上存在差异。

图 5-10　潜污泵

图 5-11　消防泵

潜污泵即潜水式污水泵，其电动机可完全淹没在水面以下。潜污泵具有结构紧凑、占地面积小、安装维修方便、连续运转时间长等优点，特别适用于输送含有非磨蚀性固体、纤维或特别脏、黏、滑的液体。

消防泵是指用于输送水、泡沫溶液等液体灭火剂的专用泵。按输送介质不同，消防泵可分为供水消防泵和供泡沫溶液消防泵。按安装方式不同，消防泵可分为车载式消防泵、固定式消防泵和移动式消防泵组。

四、给排水系统的操作规程

（一）生产、生活用水水泵的操作规程

在管理生产、生活用水水泵时，应遵守以下操作规程：

（1）检查控制柜电压表的指针是否指在规定的量程内。

（2）检查水池水位、水池液压进水阀是否正常，检查水泵进出口阀门是否处于开启状态。

（3）仔细阅读交接班记录。

（4）每周切换一次泵组选择开关的工作状态。将恒压泵开关和主泵开关旋转至“自动”位，然后观察电流是否正常、泵体是否有异响。待压力升至设定压力时，将其余副泵开关旋转至“自动”位。

（5）严禁乱动其他开关和按钮。

（二）污水泵的操作规程

在使用污水泵时，应遵守以下操作规程：

（1）将污水泵控制箱上的转换开关旋转至“手动”位。

（2）按污水泵控制箱上的“启动”按钮，使污水泵开始排水。

（3）按污水泵控制箱上的“停止”按钮，使污水泵停止排水。

（4）将污水泵控制箱上的转换开关旋转至“自动”位，使污水泵进入自动运行状态。

五、给排水系统的维护与故障处理

（一）给排水管道的防护

要使给排水系统在较长的年限内正常工作，就需要加强对给排水管道的防护，具体应从防腐、防冻与防结露、防高温、防漏、防振等方面入手。

1．防腐

常用的给排水管道防腐方法是对管道除锈后，在管道外壁涂刷防腐涂料。对于防腐要求较高的给排水管道，可使用耐压强度高，有良好的金属粘接性、防水性、绝缘性和化学稳定性的材料（如沥青等）作为防腐层。

2．防冻与防结露

对于设置在0℃以下或温差较大的地方的给排水管道，应采取适当的保温措施，如做保温层等。对于设置在环境潮湿、温度较高的环境中的给排水管道，应采取适当的防结露措施，如做防潮绝缘层等，以免管道表面因管道内外温差而产生凝结水，进而导致管道腐蚀或墙面损坏。

3．防高温

给排水管道不得设置在高温物体的旁边，以免管道因高温而变形。

4．防漏

为防止管道漏水，应选用质量较好的管材，将管道布置在不易受外力损坏的位置并采取必要的保护措施。

5．防振

当管道中水的流动速度过大时，启闭阀门容易引起管道、附件振动，导致管道损坏。为减小管道振动，在设计、安装给排水管道时，应合理地使用橡胶托架、弹簧吊架，或在给排水管道外包裹弹性减震材料。

课堂活动

某城市轨道交通车站的给排水管道设置在室外，当地气温随季节变化较大，夏季最高温可达38℃，冬季最低温可达–15℃，且昼夜温差大。该车站的工作人员应如何对给排水管道进行防护？

（二）潜污泵堵塞的预防

潜污泵堵塞主要发生在潜污泵进水口和叶轮这两个部位。体积较大的物体被吸附在潜污泵进水口处，就会造成堵塞从而使潜污泵空转。叶轮处容易被丝状物（如废弃的电线、绳子等）缠绕，导致叶轮转速降低或无法转动。

预防潜污泵堵塞的方法如下：

（1）经常检查。工作人员应经常检查潜污泵附近是否有废弃物，并及时清理垃圾。

（2）加装滤网。在污水池的入口处安装不锈钢滤网（见图5-12），将体积较大的物体阻隔在污水池之外。

图5-12　不锈钢滤网

（三）排水管路堵塞的处理

车站使用的排水泵是一种间歇式水泵，采用液位自动控制运行模式，即根据水位的高低自动决定排水泵的启停。若排水管路上的阀门采用处于常开状态的手动阀门与垂直安装的传统橡胶瓣止回阀，则在启停排水泵的瞬间，泥沙杂质容易淤积在止回阀内，久而久之，就会出现止回阀关闭不严或堵塞的情况。如果水的含碱量高，管道内的水沉积结垢，形成厚厚的钙质层，也会使排水管路堵塞。

解决管路堵塞的方法为：用电动蝶阀取代手动阀门，同时严格按排水泵操作手册的要求规范作业，即进行排水时，先启动排水泵，再开阀门；停止排水时，先关阀门，后关排水泵。

（四）给排水系统紧急情况的处理

1. 误喷水处理

给排水系统误喷水时，应采取以下措施：

（1）立即关闭湿式报警阀前的蝶阀。如果喷淋泵启动，则立即关闭喷淋泵，再进行系统复位。

（2）将误喷情况汇报给行车调度室。

（3）将自动喷水灭火系统恢复至自动状态。

2. 水压波动或超压处理

在正常情况下，自动喷水灭火系统的供水压力应保持在一定范围内。如果自动喷水灭火系统水压大于额定范围的最高值，但是自动喷水灭火系统并未误启动，则应对该系统进行放水卸压，待水压恢复正常后，将该系统恢复到自动状态。若消防泵因水压波动而误启动，则应立即关闭消防泵，并对消防给水系统进行手动放水卸压，待水压恢复正常后，将该系统恢复到自动状态。

任务二　消防系统的操作与故障处理

任务引入

为进一步加强全市轨道交通消防安全监管工作，有效防范消防安全事故的发生，2022 年 12 月 14 日，青岛市消防救援支队轨道交通大队联合青岛市地铁公安分局、青岛地铁运营有限公司开展冬季消防安全大检查活动。

在此次大检查活动中，检查组对青岛地铁 3 号线李村站的消防安全工作情况进行了全面检查。检查组重点对站点安全出口、疏散通道是否保持畅通，消防控制室值班人员是否在岗在位，火灾自动报警系统、自动灭火系统是否正常运行，消防台账是否完整，消防设备是否合格等进行了检查。

在检查火灾自动报警系统时，检查组的工作人员使用专用加烟（或加温）试验器，测试了部分火灾探测器，并对火灾自动报警系统的备用电源进行了两次充放电试验。检测结果显示该站火灾自动报警系统功能完好、设备运转正常。

在检查自动灭火系统时，检查组的工作人员对自动喷水灭火系统的喷头、报警阀、管路、水源、水泵接合器、水流指示器、火灾探测器和压力开关等进行了检查，发现部分喷头年久失修并将其更换。

（资料来源：侯祥家，《青岛消防救援轨道交通大队联合多部门开展冬季消防安全大检查》，大众网，2022 年 12 月 15 日）

思考：

（1）什么是火灾自动报警系统？

（2）什么是自动灭火系统？

（3）怎样维护消防设备与设施？

任务工单

任务名称：________	班　　级：________	学　　时：________
姓　　名：________	学　　号：________	实训场地：________

任务描述：

全班学生分组交流讨论火灾自动报警系统的结构与构成，自动灭火系统的分类与选择，消防设备与设施的检查、故障处理与维护等内容，并在课堂上进行分享。

任务目的：

（1）熟悉火灾自动报警系统的结构与构成。

（2）熟悉自动灭火系统的分类与选择。

（3）掌握消防设备与设施的检查、故障处理与维护。

一、知识储备

阅读任务引入中的案例，思考任务引入中提出的问题，带着问题学习相关知识，并完成以下练习题。

1．填空题

（1）____________________是指探测火灾早期特征、发出火灾报警信号，为人员疏散、防止火灾蔓延和启动自动灭火设备提供指示与控制的消防系统。

（2）中央监控管理级火灾自动报警系统由_____________、_____________、打印机等设备构成。

（3）_________________能够接收、显示和传递火灾报警信号并发出控制信号，一般由输入单元、中央处理单元、输出单元及电源等构成。

（4）______________是指能将泡沫灭火剂与水按比例混合形成泡沫混合液，并使泡沫混合液沿管路输送至泡沫产生装置，产生并释放出灭火泡沫的灭火系统。

2．判断题

（1）车站监控管理级火灾自动报警系统用于监视全线各车站、区间隧道、控制中心、车辆段/停车场、主变电所等所有区域的火灾报警、消防联动等。（　　）

（2）火灾报警控制器能以多种方式发出火灾警报。（　　）

（3）火灾探测报警系统包含较多用电设备，为保证这些设备用电可靠，火灾探测报警系统应当采用双电源供电。（　　）

（4）【竞赛题】公共区发生火灾时，工作人员可通过按下手动火灾报警按钮进行人为报警。（　　）

（5）自动喷水灭火系统典型的应用场所包括通信机房、变配电室等存放电子设备、精密仪器和贵重设备的场所。（　　）

3．简答题

（1）简述火灾自动报警系统的结构。

（2）如何检查自动喷水灭火系统？

二、任务分工

全班学生自由分组，每组 3～5 人，从中选出一名组长，由组长负责任务分工、过程记录、结果整理等工作。组长将小组成员的姓名与任务分工情况填入表 5-4 中。

表 5-4　小组成员的姓名与任务分工情况

成员姓名		任务分工
组长		
组员		

三、任务实施

（1）以小组为单位，结合本任务所学知识分析表 5-5 中的问题，达成一致意见后，各小组成员填写该表。

表 5-5　需要分析的问题与填写的答案

需要分析的问题	填写的答案
火灾自动报警系统由哪些部分构成？	
自动灭火系统的类型有哪些？	
怎样选择自动灭火系统？	
怎样检查灭火器？	
怎样维护消防安全疏散设施？	
补充与修改：	

（2）各小组派出代表在课堂上汇报自己小组的任务实施结果，并解答其他小组成员提出的问题。教师对各小组的汇报情况进行点评。

（3）小组成员结合教师的点评和其他小组的汇报内容，对自己填写的答案进行必要的补充与修改。

四、任务评价

教师抽查各小组中任意一名成员的任务工单，然后根据各小组的汇报情况、任务工单的抽查结果和表 5-6，对各小组进行打分。学生根据自己所在小组的得分和自己在任务实施过程中的表现进行自我评价。

表 5-6　任务评价表

评价内容	分值	教师评分	自我评价
分工明确，任务完成度高	25		
任务工单填写认真，字迹工整，答案正确	25		
汇报流畅，语言清晰，举止大方	25		
能够正确解答其他小组成员提出的问题	25		
合计	100		

相关知识

一、火灾自动报警系统的结构与构成

火灾自动报警系统（fire alarm system, FAS）是指探测火灾早期特征、发出火灾报警信号，为人员疏散、防止火灾蔓延和启动自动灭火设备提供指示与控制的消防系统。

火灾自动报警系统可利用监测现场安装的各类探测器将事故信号（如烟雾、热量、光辐射、可燃气体、异常电压电流等）转换成电信号，发送给相应的火灾报警控制器，由火灾报警控制器执行相应的联动控制操作（如发布疏散通知、标记火灾位置、记录火灾发生时间、报警等），从而减少因火灾造成的人员伤亡和财产损失。

（一）火灾自动报警系统的结构

火灾自动报警系统按中央级和车站级两级监控、管理方式设置，分为中央监控管理级、车站监控管理级、现场控制级。火灾自动报警系统的结构如图 5-13 所示。

1．中央监控管理级

中央监控管理级火灾自动报警系统设在控制中心，作为城市轨道交通消防的指挥和控制中心，用于监视全线各车站、区间隧道、控制中心、车辆段/停车场、主变电所等所有区域的火灾报警、消防联动等信息，向车站消防控制室发出消防救灾指令，部署救灾工作，指挥应急救援。

中央监控管理级火灾自动报警系统由火灾自动报警主机、火灾自动报警工作站、打印机等设备构成。中央监控管理级火灾自动报警系统具有以下功能：

（1）与全线各车站火灾自动报警系统进行通信联络，实现全线消防集中监控管理。

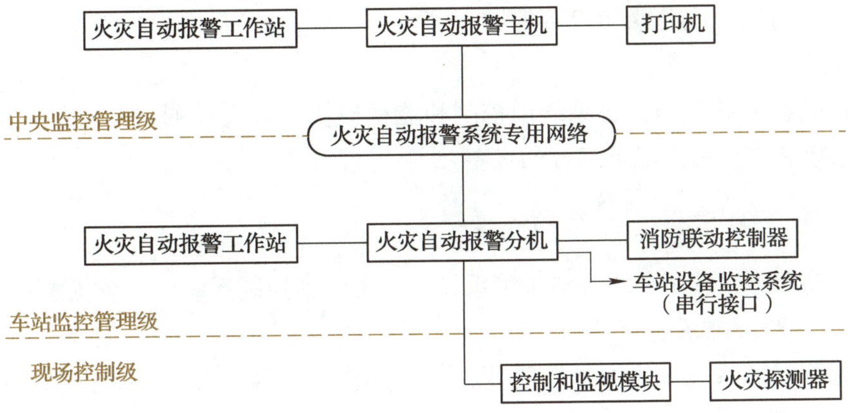

图 5-13　火灾自动报警系统的结构

（2）接收、显示并储存城市轨道交通全线消防设备的运行状态信息，进行全线消防设备日常监管。

（3）接收由车站监控管理级火灾自动报警系统传送的火灾报警信号，进行火灾信息数据储存和管理。

（4）自动或手动确认火灾报警信号。

（5）根据火灾发生的实际情况，选择合适的解决方案，向各车站消防控制室发出消防救灾指令和安全疏散命令。

（6）保持火灾自动报警系统时钟与主时钟同步。

2．车站监控管理级

车站监控管理级火灾自动报警系统由设置在车站消防控制室中的车站火灾自动报警分机、车站火灾自动报警工作站、消防联动控制器等设备构成。车站火灾自动报警分机与现场设备相连，组成所辖站点的火灾自动报警系统，由该系统负责车站的火灾报警处理及联动控制，并通过火灾自动报警系统专用网络与其他车站的火灾自动报警分机及火灾自动报警工作站进行通信。消防联动控制器能够监测和控制火灾报警器、感烟探测器等设备，火灾发生时，能够及时接收火灾信号，自动触发应急机制，如启动疏散指示灯、应急广播设备等。

车站监控管理级火灾自动报警系统具有以下功能：

（1）与中央监控管理级火灾自动报警系统及本车站设备监控系统进行通信联络。

（2）监视车站及所辖区间的火情和消防设备的运行状态。

（3）接收车站及所辖区间的火灾报警信息，显示具体的报警位置。

（4）向中央监控管理级火灾自动报警系统发送火灾报警信息，接收其下达的消防救灾指令和安全疏散命令。

（5）向本车站设备监控系统发布火灾指令，由其自动启动消防联动设备（如消防广播设备、消防泵、应急照明设备等）。

3．现场控制级

现场控制级火灾自动报警系统由控制和监视模块、火灾探测器等设备构成，用于工作人员手动控制在火灾工况下运行的设备。

（二）火灾自动报警系统的构成

火灾自动报警系统由火灾探测报警系统、消防联动控制系统、火灾预警系统构成。

1．火灾探测报警系统

火灾探测报警系统一般由触发器件、火灾报警控制器、火灾警报装置和电源四部分构成。

（1）触发器件。触发器件是指能自动或通过工作人员手动产生火灾报警信号的器件，主要包括火灾探测器和手动火灾报警按钮（见图 5-14）。火灾探测器用于探测火灾发生时产生的各种事故信号，并将其转换成电信号后发送给火灾报警控制器，是火灾自动报警系统中的关键设备。常见的火灾探测器有感烟探测器、感光探测器、感温探测器、复合探测器等。此外，公共区发生火灾时，工作人员还可通过按下手动火灾报警按钮向火灾报警控制器发送报警信息，进行人为报警。

图 5-14　手动火灾报警按钮

（2）火灾报警控制器。火灾报警控制器能够接收、显示和传递火灾报警信号并发出控制信号，一般由输入单元、中央处理单元、输出单元及电源等构成。输入单元可接收火灾探测器、手动火灾报警按钮和其他被监管设备输出的信号。中央处理单元包括中央处理器、只读存储器和随机存储器，可接收、分析、处理输入的信息。输出单元由时钟显示单元、声光报警显示单元及其他输出接口电路（包括打印机接口电路、联动控制接口电路、数据通信接口电路等）构成，可显示火灾信息并联动控制消防设备。

（3）火灾警报装置。火灾警报装置能以多种方式发出火灾警报。声光报警器（见图 5-15）是一种最常见的火灾警报装置，通常与消防广播系统连接，通过声光警报和应急广播发出火灾警报。

（4）电源。火灾探测报警系统包含较多用电设备，为保证这些设备用电可靠，火灾探测报警系统应当采用双电源供电。主电源为外接的消防电源，备用电源一般为设置在火灾报警控制器内的蓄电池组。火灾探测报警系统的电源除为火灾报警控制器供电外，还为与报警总线连接的火灾探测器、手动火灾报警按钮、火灾显示盘（见图 5-16）和各类控制模块供电。

图 5-15　声光报警器

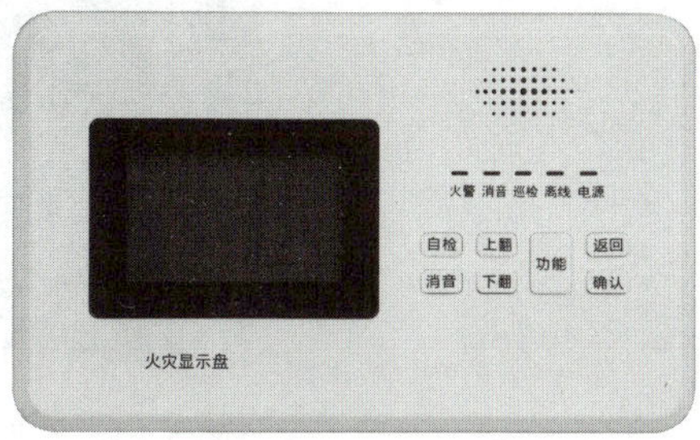

图 5-16　火灾显示盘

2. 消防联动控制系统

消防联动控制系统用于接收来自火灾报警控制器的火灾报警信号，按照预设逻辑向消防联动设备发出联动控制信号，并能接收消防联动设备的反馈信号。

消防联动控制系统利用消防联动控制器可完成对自动喷水灭火系统、消火栓系统、泡沫灭火系统、防烟排烟系统、防火门、防火卷帘、电梯、消防应急广播、消防应急照明和疏散指示系统等的联动控制。

消防联动控制器通常与火灾报警控制器集成为火灾报警联动一体机，设置在消防控制室内，以便集中统一控制。只有少部分消防联动控制器（如气体灭火系统控制器、防火卷帘控制器等）设置在对应消防联动设备所在的场所，但消防联动控制器必须受消防控制室控制。

3. 火灾预警系统

火灾预警系统由可燃气体探测报警系统和电气火灾监控系统构成。

（1）可燃气体探测报警系统由可燃气体报警控制器、可燃气体探测器、火灾声光警报器等构成，常用于可能存在可燃气体泄漏的场所。可燃气体探测器不应接入火灾报警控制器的探测回路；当可燃气体的报警信号需要接入火灾探测报警系统时，应由可燃气体报警控制器接入火灾报警控制器的探测回路。消防控制室的图形显示装置或者火灾报警控制器的显示屏上应能显示可燃气体报警控制器传送的报警信息和故障信息。可燃气体探测器发出报警信号时，应能启动保护区域的火灾声光警报器。

（2）电气火灾监控系统由电气火灾监控器、电气火灾监控探测器（见图 5-17）、火灾声光警报器等构成，常用于可能存在电气火灾风险的场所。电气火灾监控探测器包括剩余电流式电气火灾监控探测器和测温式电气火灾监控探测器。非独立式电气火灾监控探测器不应接入火灾报警控制器的探测回路，但消防控制室的图形显示装置或者火灾报警控制器的显示屏上应能显示电气火灾监控器传送的报警信息和故障信息。

图 5-17　电气火灾监控探测器

二、自动灭火系统的分类与选择

自动灭火系统是指能够在发生火灾时自动检测、控制火灾和灭火的系统。在城市轨道交通中，自动灭火系统主要用于应对 A 类和 E 类火灾，保护变配电站、信号设备室、车站控制室等重要设施。

指点迷津

A 类火灾是指由固体物质（如木材、干草、煤炭、棉、麻、纸张等）燃烧所造成的火灾，这类固体物质通常是有机物，在燃烧时能产生灼热的余烬。E 类火灾是指由带电物体燃烧所造成的火灾。

（一）自动灭火系统的分类

自动灭火系统主要分为自动喷水灭火系统、气体灭火系统、泡沫灭火系统等。

1. 自动喷水灭火系统

自动喷水灭火系统是指由洒水喷头、报警阀组、水流报警装置（水流指示器或压力开关）等组件，以及管道、供水设施等构成，能在火灾发生时自动喷水的灭火系统。按所用喷头的形式划分，自动喷水灭火系统可分为开式自动喷水灭火系统和闭式自动喷水灭火系统。

开式自动喷水灭火系统分为雨淋系统和水幕系统等。雨淋系统喷水速度快、强度大，可用于火灾蔓延速度快、闭式喷头不能及时喷水的防护区。水幕系统包括防火分隔水幕和防护冷却水幕，用于阻挡烟雾、火苗和冷却分隔物。

闭式自动喷水灭火系统分为湿式系统、干式系统、预作用系统、防护冷却系统等。其中以湿式系统和干式系统最为常见。湿式系统具有安全可靠、经济实用、适用范围广、使用寿命长、可在自动灭火的同时报警等优点，适用于环境温度为 4℃～70℃的场所，其结构如图 5-18 所示。干式系统适用于环境温度低于 4℃或高于 70℃的场所。

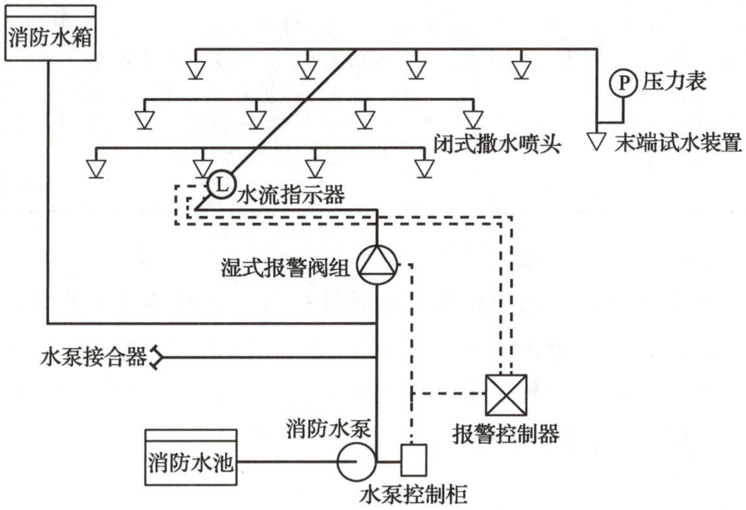

图 5-18　湿式系统的结构

2. 气体灭火系统

气体灭火系统是指以气体为主要灭火剂的灭火系统，能够在火灾发生时将灭火剂释放到防护区内或保护对象周围，通过降低氧气的浓度实现灭火。气体灭火系统能够有效扑灭固体火灾、液体火灾、气体火灾、电气设备火灾，灭火后，气体迅速消散，不会污染、损坏保护对象。因此，气体灭火系统主要用于保护不能或不宜用水灭火的场所，如通信机房、变配电室等存放电子设备、精密仪器和贵重设备的场所。

扫一扫

IG-541 系统

城市轨道交通采用的气体灭火系统主要包括卤代烃类气体灭火系统和惰性气体类灭火系统，二者的作用原理、常用灭火介质、优缺点如表 5-7 所示。

表 5-7　卤代烃类气体灭火系统和惰性气体类灭火系统的对比

类型	作用原理	常用灭火介质	优点	缺点
卤代烃类气体灭火系统	通过喷洒卤代烃类气体灭火剂，使之在高温下产生化学反应，抑制燃烧过程，以达到灭火的目的	七氟丙烷、三氟甲烷	（1）适用范围广，可用于大部分场所 （2）灭火效率高，所需储气量较少 （3）前期造价低 （4）对规模小、防护区集中的车站的保护具有技术和经济方面的优势	（1）在灭火过程中产生的热腐蚀产物容易对精密仪器造成损害 （2）不利于环保 （3）灭火介质单价高，维护费用较高

（续表）

类型	作用原理	常用灭火介质	优点	缺点
惰性气体类灭火系统	通过物理反应，将防护区内的氧气浓度降低至不支持燃烧的范围，以达到灭火的目的	氮气、烟烙尽（IG-541）、氩气	（1）惰性气体灭火介质属环保型灭火剂，不会破坏臭氧层 （2）喷洒灭火介质时不会形成浓雾，不会影响人的视线 （3）保护距离较长，一般在车站两端各设置一个气瓶室就能满足消防要求 （4）维护费用较低	（1）储存压力高，对产品质量、建设施工、维修管理的要求较高 （2）所需气瓶数量多，气瓶室的面积较大 （3）对防护区结构要求较高

3. 泡沫灭火系统

泡沫灭火系统是指能将泡沫灭火剂与水按比例混合形成泡沫混合液，并使泡沫混合液沿管路输送至泡沫产生装置，产生并释放出灭火泡沫的灭火系统。灭火泡沫附着在可燃物表面后，可使可燃物与空气隔绝，从而达到灭火目的。泡沫灭火系统主要用于扑灭气体和液体火灾，也可用于扑灭固体火灾。

（二）自动灭火系统的选择

在城市轨道交通中，应根据不同区域的环境特点、设备特点与设备安装条件等，选择合适的灭火系统。

（1）在车站的公共区不宜设置自动喷水灭火系统，以免发生火灾时喷出的水造成地面湿滑，影响人群疏散。

（2）车站设备用房中的仪器较多，且房间相对封闭，因此应在车站设备用房设置气体灭火系统。

（3）在区间隧道中，应沿轨道线路布设自动喷水灭火系统。若条件允许，还可在区间隧道中加装手提式泡沫灭火器。

三、消防设备与设施的检查、故障处理与维护

除火灾自动报警系统和自动灭火系统外，城市轨道交通系统中常见的消防设备与设施还包括室内消火栓给水系统、灭火器、消防安全疏散设施等。工作人员必须按要求对消防设备与设施进行检查，及时处理相关故障，并对不合格的消防设备与设施进行及时更换和维修。

扫一扫

消防设备与设施的使用

（一）火灾自动报警系统的检查

1．日常检查

工作人员应每日对火灾自动报警系统进行检查，可通过扳动火灾报警控制器上的自检、巡检开关，或给某个火灾探测器加烟（或加温）来检查火灾自动报警系统的功能是否正常。此外，工作人员还应检查火灾自动报警系统的复位、消音、故障报警等功能是否正常，若发现问题，应在日检登记表中记录并及时处理。

2．季度检查

工作人员应每季度对火灾自动报警系统做以下试验和检查：

（1）按照说明书的要求，使用专用加烟（或加温）试验器，分期、分批测试火灾探测器的功能是否正常。若发现火灾探测器出现故障或失效，则应及时拆换。

（2）对备用电源进行1～2次充放电试验，对主电源和备用电源进行1～3次自动切换试验，检查其功能是否正常。

（3）对于有联动控制功能的系统，应检查消防联动控制器的控制功能和显示功能是否正常。

（4）检查消防联动设备，如进行强制消防电梯停于首层试验、消防通信设备通话试验，检查所有手动、自动开关（如电源切换开关、灭火切换开关、防火门切换开关、防火卷帘切换开关、警报切换开关、应急照明切换开关等）是否位于规定的位置。

（5）进行强制切断非消防电源的试验。

（6）检查消防控制设备的控制功能、显示功能是否正常。

（7）检查火灾事故照明灯及疏散指示灯的功能是否正常。

（8）检查火灾探测器、手动火灾报警按钮的位置是否正确，火灾探测器有无缺漏、脱落和丢失，每个火灾探测器的下方和周围、手动火灾报警按钮的周围是否留出规定的空间。

3．年度检查

工作人员应每年对火灾自动报警系统进行全面检查和试验，并填写年检登记表。

4．故障处理

火灾自动报警系统因主电源、备用电源、火灾探测器回路故障或环境干扰等原因误报火警时，应使用以下故障排查与处理方法：

（1）排查主电源故障。检查输入电源是否完好，保险丝有无熔断、接触不良等情况。

（2）排查备用电源故障。检查充电装置、电池是否损坏，连接线是否完好。

（3）排查火灾探测器回路故障。检查该回路至火灾探测器的连接线是否完好，火灾探测器是否被人取下，终端监控器是否损坏。

（4）勘察场所。勘察误报火警的火灾探测器所在场所有无水蒸气、油烟、电磁辐射等影响火灾探测器正常工作的因素。及时更换频繁误报而又找不出故障原因的火灾探测器。

对于无法排除的故障，应立即通知生产厂家、施工单位或维修单位尽快检修。

（二）自动喷水灭火系统的检查

工作人员应对自动喷水灭火系统进行日常检查，检查内容主要包括：① 水源的水量和水压；② 消防泵的动力；③ 报警阀各部件的工作状态；④ 自动充气装置（如气压水罐、增压水罐等）的工作状态。

此外，工作人员还应每月对喷头、报警阀、管路、水源、水泵接合器、水流指示器、火灾探测器和压力开关进行检查，检查内容如表 5-8 所示；每年对自动喷水灭火系统进行一次可靠性评价，并对施工验收和日常管理维护、修理情况进行总结；每两年对储水设备进行修补和重新刷漆，对消防泵进行一次拆解维修。

表 5-8　自动喷水灭火系统的月度检查内容

检查项目	检查内容
喷头	检查喷头外观是否洁净，对有污垢的喷头进行拆换、清理
报警阀	检查室外阀门井中的控制阀，保证阀门处于开启状态，并对报警阀进行开阀检验，测试阀门的开启性能和密封性能，以及水力警铃、延迟器的性能
管路	检查管路有无腐蚀、渗漏现象，定期排空、冲洗湿式系统管路内的水，定期清理水幕系统管路中的过滤装置
水源	检查消防水池和高位水箱，检查消防泵的启动情况、吸水能力、流量和扬程，利用泄放实验阀进行一次供水试验，验证自动喷水灭火系统的供水能力
水泵接合器	检查水泵接合器的接口及其部件
水流指示器	利用末端试水装置进行排水试验，检查水流指示器能否及时报警
火灾探测器和压力开关	检查火灾探测器和压力开关的工作状态

指点迷津

扬程是指单位质量的液体流经泵后其能量的增值，即泵出口处单位质量液体的机械能与泵进口处单位质量液体的机械能的差值。

（三）室内消火栓给水系统的检查与维护

室内消火栓给水系统的结构如图 5-19 所示。

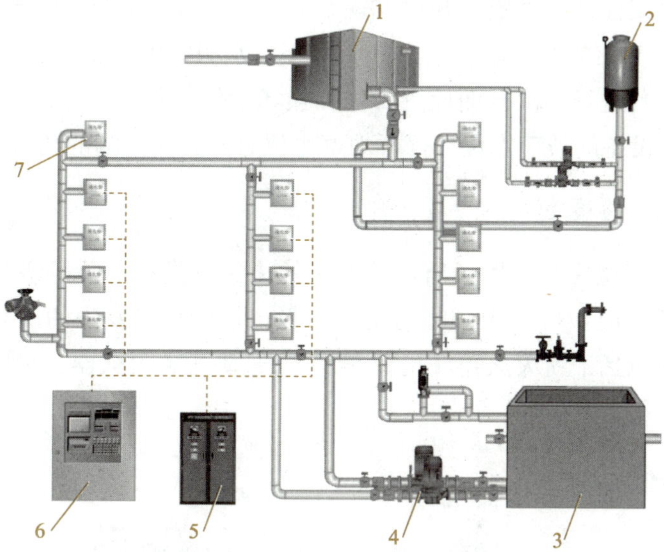

1—高位水箱；2—稳压罐；3—消防水池；4—消防泵；
5—水泵控制柜；6—火灾报警控制器；7—消火栓。

图 5-19　室内消火栓给水系统的结构

1．外观检查

工作人员应每日对室内消火栓给水系统进行外观检查，检查项目包括供水设施、消防泵、水泵控制柜、水泵接合器，室内消火栓标志、箱体、组件及箱门，消火栓启泵按钮，消防炮（以射流形式喷射水、泡沫、干粉等灭火剂灭火的装置），等等。

2．功能检查

室内消火栓给水系统功能检查的内容包括：① 消防泵启动试验（每周或每月启动运转一次消防泵）；② 消火栓栓口静水压力检查试验；③ 检查消火栓栓口出水压力；④ 最不利点消火栓静水压力检查试验；⑤ 最不利点消火栓出水压力检查试验；⑥ 消防泵现场启动检查试验（每个季度至少进行一次）；⑦ 消防泵远程启动检查试验（每个季度至少进行一次）；⑧ 消火栓启泵按钮功能检查试验；⑨ 稳压系统功能检查试验（每个季度至少进行一次）。

指点迷津

最不利点消火栓是指安装在高度最高、管线最长的位置的消火栓，也就是消防泵供水时，水最难到达且水压最低的位置的消火栓。

3．系统维护

室内消火栓给水系统维护的内容包括：① 定期更换消防水池、消防水箱及消防气压给水设备内的水，并保证消防储水设备的任何部位均不结冰；② 每月检查所有控制阀门，确保其被铅封或被锁链固定在开启或规定的状态；③ 每月检查一次消防水池、消防水箱的水位和消防气压给水设备的气压；④ 每年对水源的供水能力进行一次检测；⑤ 每两年对消防储水设备进行一次全面检查，修补损坏部位并重新刷漆；⑥ 检查钢板消防水箱和消防气压给水设备的玻璃水位计，不观察水位时应关闭两端的角阀。

（四）灭火器的检查

灭火器的配置类型应与配置场所可能发生的火灾种类和危险等级相适应，当配置场所存在多种火灾风险时，应选用同时适用于扑救该场所可能发生的所有种类火灾的灭火器。常见的灭火器包括干粉灭火器（见图 5-20）、二氧化碳灭火器（见图 5-21）和泡沫灭火器（见图 5-22）等。

图 5-20　干粉灭火器

图 5-21　二氧化碳灭火器

图 5-22　泡沫灭火器

工作人员应每日对灭火器进行如下检查：① 灭火器铅封是否完好；② 压力表指针是否在绿色区域；③ 可见部位防腐层是否完好；④ 灭火器可见零件是否完整，有无变形、松动、锈蚀或损坏，装配是否合理；⑤ 喷嘴是否通畅，若喷嘴堵塞，应及时疏通。

除每日检查外，工作人员还应定期对灭火器进行如下检查：① 每半年对灭火器的重量和压力进行一次彻底检查；② 每年检查一次干粉灭火器，确保其出粉管、进气管、喷管、喷嘴和喷枪等无干粉堵塞，出粉管防潮膜无破裂，筒体内的干粉未结块；③ 定期检查灭火器放置环境及放置位置是否符合设计要求，灭火器保护措施是否合理。

（五）消防安全疏散设施的维护

扫一扫

火灾事故处理

消防安全疏散设施包括疏散通道、安全出口、疏散门、疏散楼梯、防火卷帘、防火门、疏散指示标志、应急照明灯具等。城市轨道交通车站应按照有关规定配备相应数量的消防安全疏散设施，并建档管理。维护消防安全疏散设施的具体措施如下：

（1）每日对安全疏散设施进行巡查，若发现以下问题，应立即整改：① 疏散通道被占用；② 安全出口被堵塞；③ 疏散门锁闭；④ 疏散楼梯上有物品堆放；⑤ 疏散指示标志、应急照明灯具被破坏、覆盖、挪用。

（2）每月对疏散指示标志和应急照明灯具进行功能测试和电源切换试验，发现故障时及时更换或维修。

（3）每月对防火卷帘和防火门的启动情况进行检查，发现启动不灵活、闭门器损坏等故障时应及时维修。

素养提升馆

用脚步丈量首都地铁安全的“火焰蓝”

在首都北京，有这样一群人，无论是在在建的地铁工程现场，还是在正在运营的各条地铁线路沿线和地铁站，处处都有他们的身影。他们就是北京市消防救援总队轨道交通支队的消防员，他们组成的消防队伍代号为“火焰蓝”。

当最后一班地铁呼啸而过，“火焰蓝”的“夜生活”才刚刚开始。他们走进车站综合控制室测试系统，认真检查环控电控室、信号机房、气灭钢瓶间（见图 5-23）内的设备，同时检查火灾自动报警系统、自动灭火系统、室内消火栓系统、防排烟系统等。每次检查轨道时，他们都需要从一个地铁站徒步走到另一个地铁站，再走回出发站，平均耗时 50 min。自 2012 年“火焰蓝”成立以来，他们走遍了北京主城区所有地铁站，地铁轨道下每一处消防设施上都有他们无数个手印。

图 5-23　气灭钢瓶间

春天柳絮因风起，夏天骤雨要防汛；秋天枯叶易堆积，冬天取暖用电急。虽然四时之景不同，“火焰蓝”工作的重点也不尽相同，但是他们始终将乘客的生命安全放在第一位，日复一日，年复一年，用实际行动守护首都地铁消防安全。

（资料来源：夏子麟、吴文诩，《午夜，用脚步丈量首都地铁安全的“火焰蓝”》，新华网，2022 年 11 月 8 日）

学习成果评价

请进行项目评价，并将评价结果填入表 5-9 中。

表 5-9　项目评价表

<table>
<tr><td>班级</td><td></td><td>组号</td><td></td><td>日期</td><td colspan="2"></td></tr>
<tr><td>姓名</td><td></td><td>学号</td><td></td><td>指导教师</td><td colspan="2"></td></tr>
<tr><td>项目名称</td><td colspan="6">给排水系统和消防系统</td></tr>
<tr><td>评价项目</td><td colspan="3">评价内容</td><td>分值</td><td>自我评分</td><td>教师评分</td></tr>
<tr><td rowspan="5">理论知识
（40%）</td><td colspan="3">给排水系统的构成、常用设备、操作规程</td><td>10</td><td></td><td></td></tr>
<tr><td colspan="3">给排水系统的维护与故障处理</td><td>5</td><td></td><td></td></tr>
<tr><td colspan="3">火灾自动报警系统的结构与构成</td><td>10</td><td></td><td></td></tr>
<tr><td colspan="3">自动灭火系统的分类与选择</td><td>10</td><td></td><td></td></tr>
<tr><td colspan="3">消防设备与设施的检查、故障处理与维护</td><td>5</td><td></td><td></td></tr>
<tr><td rowspan="2">实践技能
（40%）</td><td colspan="3">能够正确维护给排水系统并处理常见故障</td><td>20</td><td></td><td></td></tr>
<tr><td colspan="3">能够按要求完成消防设备与设施的检查、故障处理与维护</td><td>20</td><td></td><td></td></tr>
<tr><td rowspan="3">综合素养
（20%）</td><td colspan="3">具有良好的学习态度</td><td>6</td><td></td><td></td></tr>
<tr><td colspan="3">具有认真负责、一丝不苟的工作态度</td><td>7</td><td></td><td></td></tr>
<tr><td colspan="3">具有较强的防火防灾意识</td><td>7</td><td></td><td></td></tr>
<tr><td colspan="4">合计</td><td>100</td><td></td><td></td></tr>
<tr><td colspan="4">总分（自我评分×40%+教师评分×60%）</td><td></td><td></td><td></td></tr>
<tr><td>自我评价</td><td colspan="6"></td></tr>
<tr><td>教师评价</td><td colspan="6"></td></tr>
</table>

项目六

低压配电系统和照明系统

项目引言

低压配电系统与照明系统在城市轨道交通运营中发挥着基础性作用，其可靠性和安全性决定了自动售检票系统、火灾自动报警系统、给排水与消防系统、车站暖通空调系统、环境与设备监控系统、综合监控系统等的运行质量。

城市轨道交通服务人员应了解低压配电系统和照明系统的相关知识，做好相关巡检和控制工作，保证低压配电系统和照明系统的正常运行，为乘客提供安全、舒适的乘车环境。

学习目标

本项目的学习目标如下。在学习本项目后，根据自己对知识和技能的掌握情况，以及素质提高情况，进行项目目标评价。

目标	评价内容	评价结果
知识目标	了解低压配电系统的供电方式、控制方式与巡检	□是　□否
	熟悉低压配电系统的主要设备	□是　□否
	了解照明的方式与种类	□是　□否
	了解照明系统的设计原则与照明灯具的选择	□是　□否
	熟悉照明系统的配电方式与控制方式	□是　□否
技能目标	掌握低压配电系统的控制与巡检	□是　□否
	掌握照明系统的控制	□是　□否
素质目标	培养工匠精神，在工作中做到认真负责、乐于奉献	□是　□否
	树立环保意识，在日常生活中注意节约能源	□是　□否

任务一 低压配电系统的运用

任务引入

2023 年 7 月 11 日，在兰州轨道交通 2 号线雁白大桥站变电控制室控制信号盘前，值班人员仔细查看变电站设备的运行情况，在确认变电站的各种开关处于正常状态后发出发车指令，一列开往东方红广场站的地铁列车从雁白大桥站缓缓驶出。

兰州轨道交通 2 号线一期工程东方红广场站至雁白大桥站全长 9.06 km，全线共设 11 座变电所，其中包括 1 座牵引变电所、4 座牵引降压混合变电所、5 座降压变电所、1 座跟随变电所。雁白大桥站设有 35 kV 变电站，该变电站配有两台整流变压器，可将外部接入的交流电转换为 1 500 V 的直流电。此外，该站还设有两台 400 V 的动力变压器，可进一步降低电压，从而为该车站的用电设备配电。兰州轨道交通 2 号线自 2023 年 6 月 29 日开通试运营以来，供电系统运行稳定，保障了地铁的正常运行。

（资料来源：王占东，《保障供电让兰州地铁跑得更快更稳——兰州轨道交通二号线一期工程供电系统保供电见闻》，《甘肃日报》，2023 年 7 月 19 日）

思考：

（1）低压配电系统的供电方式有哪些？

（2）在紧急情况下，低压配电系统应按照怎样的顺序进行电力供应，以保证重要设备的电力供应？

（3）低压配电系统的主要设备有哪些？它们在低压配电系统中分别具有哪些作用？

任务工单

任务名称：________	班　　级：________	学　　时：________
姓　　名：________	学　　号：________	实训场地：________

任务描述：

全班学生分组讨论、分析任务引入中提出的问题，达成一致意见后，以小组为单位在课堂上汇报讨论结果与任务实施过程。

任务目的：

（1）了解低压配电系统的供电方式。

（2）熟悉低压配电系统的主要设备。

一、知识储备

阅读任务引入中的案例，思考任务引入中提出的问题，带着问题学习相关知识，并完成以下练习题。

1．填空题

（1）低压配电系统是指采用________及以下电压等级的配电系统。

（2）________负荷供电中断可能导致城市轨道交通运营延误或乘客疏散困难，造成严重的人员伤亡和财产损失，因此对于该负荷，应使用双电源双回线路专线供电。

（3）低压开关柜一般由柜体、________和功能单元三大部分构成。

（4）__________是指通过操控设置在设备附近的控制器直接控制设备开启与关闭的控制方式。

2．判断题

（1）三级供电负荷方式由两路独立的电源为用电设备供电。（　　）

（2）火灾自动报警系统设备、环境与设备监控系统设备、乘客信息系统均属于一级负荷。（　　）

（3）出线柜的作用是连接两路或多路电源的母线，以实现电源的冗余备份。（　　）

（4）工作人员应定期检查开关元器件，更换易损元器件。（　　）

3．简答题

简述低压配电系统的控制方式。

二、任务分工

全班学生自由分组，每组3～5人，从中选出一名组长，由组长负责任务分工、过程记录、结果整理等工作。组长将小组成员的姓名与任务分工情况填入表6-1中。

表 6-1　小组成员的姓名与任务分工情况

成员姓名		任务分工
组长		
组员		

三、任务实施

（1）以小组为单位，根据任务引入、任务描述和本任务所学知识分析表 6-2 中的问题，达成一致意见后，各小组成员填写该表。

表 6-2　需要分析的问题与填写的答案

需要分析的问题	填写的答案
低压配电系统的供电方式有哪些？	
在紧急情况下，低压配电系统应按照怎样的顺序进行电力供应，以保证重要设备的电力供应？	
低压配电系统的主要设备有哪些？它们在低压配电系统中分别具有哪些作用？	
补充与修改：	

（2）各小组派出代表在课堂上汇报自己小组的讨论结果与任务实施过程，并解答其他小组成员提出的问题。教师对各小组的汇报情况进行点评。

（3）小组成员结合教师的点评和其他小组的汇报内容，对自己填写的答案进行必要的补充与修改。

四、任务评价

教师抽查各小组中任意一名成员的任务工单，然后根据各小组的汇报情况、任务工单的抽查结果和表 6-3，对各小组进行打分。学生根据自己所在小组的得分和自己在任务实施过程中的表现进行自我评价。

表 6-3　任务评价表

评价内容	分值	教师评分	自我评价
分工明确，任务完成度高	25		
任务工单填写认真，字迹工整，答案正确	25		
汇报流畅，语言清晰，举止大方	25		
能够正确解答其他小组成员提出的问题	25		
合计	100		

相关知识

一、什么是低压配电系统

低压配电系统是指采用 1 000 V 及以下电压等级的配电系统，其功能是利用变压器对高压电源进行降压，并通过低压配电线路将电能直接配送给各系统与用电设备。

城市轨道交通车站低压配电系统多采用三相 380 V 五线制、单相 220 V 三线制供电方式，变电所内设有低压开关柜，用电设备的电源都要从低压开关柜引出，并且通过低压电缆线路向各个用电设备配电。图 6-1 为某车站低压配电线路示意图。

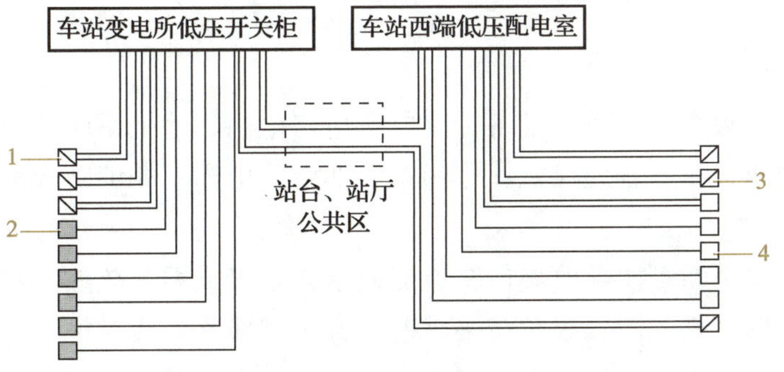

1—东端通风空调柜；2—东端动力照明负荷；
3—西端通风空调柜；4—西端动力照明负荷。

图 6-1　某车站低压配电线路示意图

二、低压配电系统的供电方式

降压变电所将主变电所提供的 10 kV 或 35 kV 电压降低至 380 V/220 V 或 660 V/380 V，再向车站的动力系统、照明系统、通信系统等供电。根据用电设备的用电需求、重要程度等不同，可将低压配电系统的供电方式分为一级负荷供电方式、二级负荷供电方式、三级负荷供电方式。

（一）一级负荷供电方式

一级负荷包括：① 火灾自动报警系统设备、消防水泵及消防水管继电保护设备、防排烟风机及各类防火排烟阀、防火门、消防疏散用自动扶梯、消防电梯、应急照明、主排水泵、雨水泵、防淹门，以及发生火灾或其他灾害时仍需使用的用电设备；② 通信系统设备、信号系统设备、综合监控系统设备、电力监控系统设备、环境与设备监控系统设备、门禁系统设备、安防设施设备；③ 自动售检票设备、站台屏蔽门、变电所操作电源、地下站厅站台等公共区照明设备、地下区间照明设备、供暖区的锅炉房设备等。其中，火灾自动报警系统设备、环境与设备监控系统设备、专用通信系统设备、信号系统设备、变电所操作电源、地下车站及区间的应急照明设备为一级负荷中特别重要的负荷。

一级负荷供电中断可能导致城市轨道交通运营延误或乘客疏散困难，造成严重的人员伤亡和财产损失。因此对于一级负荷，应使用双电源双回线路专线供电，即由降压变电所低压开关柜两段母线各引出一路电源至一级负荷附近，其中一个电源作为工作电源，另一个电源作为备用电源，然后在线路末端设双电源自动切换箱。如果工作电源因故障中断供电，备用电源应能保证一级负荷的用电需求。对于一级负荷中特别重要的负荷，应为其增设应急电源，并严禁接入其他负荷。

（二）二级负荷供电方式

二级负荷包括乘客信息系统设备、变电所检修电源、地上站厅站台等公共区照明设备、附属房间照明设备、普通风机、排污泵、非消防电梯、非消防疏散用自动扶梯和自动人行道等。

二级负荷供电中断可能导致城市轨道交通运营延误或乘客疏散困难，在一定程度上造成人员受伤和财产损失。二级负荷采用双电源单回线路专线供电，即由降压变电所低压开关柜两段母线中的一段母线引出一个供电回路，当该母线出现故障时，母线分段断路器自动合闸，用电设备由另一段母线继续供电。

（三）三级负荷供电方式

三级负荷包括区间检修设备、附属房间电源插座、车站空调制冷及水系统设备、广告照明设备、清洁设备、电热设备等。三级负荷为一般的电力负荷，对电源无特殊要求，通常允许较长时间停电，因此采用单电源单回线路供电，即由降压变电所低压开关柜两段母线中的一段母线引出一个供电回路，当低压配电系统中只有一个电源在工作时，可切除三级负荷。

在紧急情况下，低压配电系统首先应保证一级负荷或一级负荷中特别重要的负荷的电力供应，尽量保证二级负荷的电力供应，切断三级负荷的电力供应。

三、低压配电系统的主要设备

低压配电系统的主要设备包括低压开关柜、电源配电箱、电源自动切换箱、设备控制柜等。

（一）低压开关柜

低压开关柜是指由一个或多个低压开关电器和与之关联的测量、控制、保护等二次设备组装在一起的封闭的立式成套设备，主要用于输电、配电与电能转换。低压开关柜具有结构紧凑、安装与维护方便等特点，并且可以实现数据资源共享和智能化操作。

扫一扫

低压开关柜

1. 低压开关柜的分类

按功能划分，低压开关柜可分为进线柜、母线联络柜、出线柜、电机控制柜、电容补偿柜。不同类型的低压开关柜及其功能如表 6-4 所示。

表 6-4　不同类型的低压开关柜及其功能

名称	功能
进线柜	从外部获取电能并将其分配给主母线和配电母线
母线联络柜	连接两路或多路电源的母线，以实现电源的冗余备份
出线柜	分配电能
电机控制柜	控制机电设备的开启与关闭
电容补偿柜	提高功率因数和设备利用率

2. 低压开关柜的构成

低压开关柜一般由柜体、母线和功能单元三大部分构成。其中，柜体是低压开关柜的外壳骨架和内部的安装件、支撑件，母线是一种可与几条电路分别连接的低阻抗导体，功能单元是完成同一功能的所有电气设备和机械部件（包括进线单元和出线单元）。低压开关柜的内部结构如图 6-2 所示。城市轨道交通车站的低压开关柜多为抽出式低压开关柜（见图 6-3），工作人员在检修时只需要打开相应的功能单元。

图 6-2　低压开关柜的内部结构

图 6-3　抽出式低压开关柜

（二）电源配电箱

电源配电箱是指按电气接线要求，由开关设备、测量仪表、电器保护器和辅助设备组装而成的低压配电装置。电源配电箱一般安装在用电设备附近，为其提供电源。用电设备正常运行时，工作人员可通过控制电源配电箱的手动或自动开关接通或分断电路；用电设备因故障而不正常运行时，工作人员可通过控制电器保护器切断电路。

（三）电源自动切换箱

电源自动切换箱用于主电源和应急电源之间的自动切换，以保证应急照明、消防设备等的供电。

（四）设备控制柜

设备控制柜是用于控制机电设备运行的设备。城市轨道交通中的常见设备控制柜有环控电控柜（见图 6-4）、环控设备就地控制箱、防淹门控制柜、水泵控制柜等。其中，环控电控柜位于车站环控电控室内，用于远距离控制车站环控设备的电源。环控设备就地控制箱位于各环控设备附近，在维修、调试各环控设备时可对其进行现场操作。

图 6-4　环控电控柜

四、低压配电系统的控制方式

为保障机电设备的用电安全，城市轨道交通低压配电系统采用了多种控制方式，其中最主要的是就地控制和综合控制。

（一）就地控制

就地控制是指通过操控设置在设备附近的控制器直接控制设备开启与关闭。例如，在紧急情况下，可按下自动扶梯的急停按钮，使自动扶梯停止运行。

（二）综合控制

综合控制是指由车站控制室的综合监控系统对各类机电设备进行监视与控制，并将采集的信息送至控制中心。在环控电控室内，工作人员还可以通过操控环境与设备监控系统对空调、水泵等各环控设备进行控制。

五、低压配电系统的巡检

工作人员应对低压配电系统相关设备进行日常巡视和定期检修，以便及时发现问题、解决问题，避免事故发生。

扫一扫

城轨交通停电怎么办

（一）日常巡视

（1）检查设备的外观，查看设备是否有污染、损伤等情况。

（2）检查设备的运行状态，查抄电压电流表，查看有无故障报警指示。

（3）检测设备在工作时的温度和设备房内的温度。

（4）检查线路表层是否有污染、损伤、老化等现象，检查电线接头温度是否过高。

（5）做好设备日常巡视记录，根据记录分析各次的检查数据。

（二）定期检修

（1）定期对相关设备进行清洁、刷防护漆，定期清洁配电房。

（2）定期检查开关元器件，更换易损元器件。

（3）定期检查电源接口是否松动、连接件是否紧固到位。

（4）定期检查各电气接口，进行电气交接试验和接口联动测试。

（5）定期检查设备线路绝缘层是否漏电。

（6）定期检测备用设备，及时更换损坏的设备。

（7）定期对蓄电池进行充放电维护，检测蓄电池溶液的位置。若发现溶液容量不达标，则应立即更换。

（8）测量设备三相电路中的电流、电压、相序。

任务二　照明系统的运用

任务引入

2020 年 7 月，青岛地铁 8 号线过海段区间隧道照明系统已完成施工，从地下穿过胶州湾的 5.4 km 的地下隧道被点亮。

地铁 8 号线大洋站—青岛北站的区间隧道全长 7.9 km，其中海域段 5.4 km。过海隧道机电安装项目采用“机械+人工”模式，仅用 10 余天的时间，就完成了 48 000 m 配管与 240 000 m 电线、电缆的敷设和 3 200 盏灯具的安装工作。

青岛地铁 8 号线过海段区间隧道照明系统的完工，不仅可以实现隧道内轨道车冷滑时通车牵引照明、热滑时列车安全运行，而且可以避免各种因临时用电导致的问题，实现了隧道内紧急情况下正常照明和应急照明的及时切换，保证了照明的安全性、稳定性、持续性。

（资料来源：毛道光，《照亮 5.4 千米海下长龙！青岛地铁 8 号线过海段区间照明系统已建成》，大众网，2020 年 7 月 2 日）

思考：

（1）照明系统的设计原则有哪些？

（2）什么是正常照明和应急照明？

（3）照明系统对正常照明和应急照明是如何配电的？

任务工单

任务名称：＿＿＿＿＿＿　班　级：＿＿＿＿＿＿　学　时：＿＿＿＿＿＿

姓　名：＿＿＿＿＿＿　学　号：＿＿＿＿＿＿　实训场地：＿＿＿＿＿＿

任务描述：

全班学生分组讨论、分析任务引入中提出的问题，达成一致意见后，以小组为单位在课堂上汇报讨论结果与任务实施过程。

任务目的：

（1）了解照明的种类。

（2）了解照明系统的设计原则与照明灯具的选择。

（3）熟悉照明系统的配电方式。

一、知识储备

阅读任务引入中的案例，思考任务引入中提出的问题，带着问题学习相关知识，并完成以下练习题。

1．填空题

（1）城市轨道交通运营场所照明的方式有__________、__________、__________和混合照明四种，其中__________是指为照亮整个场所而设置的均匀照明。

（2）当正常照明供电电源失效时，对于工作或活动不可中断的场所，应设置__________；对于需要确保人员安全疏散的场所，应设置__________。

（3）区间隧道照明分为__________和__________，其中__________由三相交流电源供电，__________由单相交流电源供电。

2．判断题

（1）分区一般照明是指特定视觉工作用的、为照亮某个局部而设置的照明。（　　）

（2）特别潮湿的场所应采用有相应防护措施的灯具。（　　）

（3）车站附属用房的照明宜采用车站控制室集中控制。（　　）

3．简答题

（1）简述照明的种类。

（2）照明系统的控制方式有哪些？

二、任务分工

全班学生自由分组，每组 3～5 人，从中选出一名组长，由组长负责任务分工、过程记录、结果整理等工作。组长将小组成员的姓名与任务分工情况填入表 6-5 中。

表 6-5　小组成员的姓名与任务分工情况

成员姓名		任务分工
组长		
组员		

三、任务实施

（1）以小组为单位，根据任务引入、任务描述和本任务所学知识分析表 6-6 中的问题，达成一致意见后，各小组成员填写该表。

表 6-6　需要分析的问题与填写的答案

需要分析的问题	填写的答案
照明系统的设计原则有哪些？	
什么是正常照明和应急照明？	
照明系统对正常照明是如何配电的？	
照明系统对应急照明是如何配电的？	
补充与修改：	

（2）各小组派出代表在课堂上汇报自己小组的讨论结果与任务实施过程，并解答其他小组成员提出的问题。教师对各小组的汇报情况进行点评。

（3）小组成员结合教师的点评和其他小组的汇报内容，对自己填写的答案进行必要的补充与修改。

四、任务评价

教师抽查各小组中任意一名成员的任务工单，然后根据各小组的汇报情况、任务工单的抽查结果和表 6-7，对各小组进行打分。学生根据自己所在小组的得分和自己在任务实施过程中的表现进行自我评价。

表 6-7　任务评价表

评价内容	分值	教师评分	自我评价
分工明确，任务完成度高	25		
任务工单填写认真，字迹工整，答案正确	25		
汇报流畅，语言清晰，举止大方	25		
能够正确解答其他小组成员提出的问题	25		
合计	100		

相关知识

一、照明的方式与种类

（一）照明的方式

城市轨道交通运营场所照明的方式有一般照明、分区一般照明、局部照明和混合照明四种。其中，一般照明是指为照亮整个场所而设置的均匀照明，分区一般照明是指对某一特定区域设计成不同的照度来照亮该区域的一般照明，局部照明是指特定视觉工作用的、为照亮某个局部而设置的照明，混合照明是指由一般照明和局部照明组成的照明。图 6-5 所示的站台公共区照明与图 6-6 所示的出入口通道照明均为混合照明，其中图 6-5 中的站台屏蔽门顶箱处和图 6-6 中的广告牌均采用局部照明方式，站台通道和出入口通道的顶棚处均采用一般照明方式。

图 6-5　站台公共区照明

图 6-6　出入口通道照明

（二）照明的种类

城市轨道交通运营场所照明的种类分为正常照明、应急照明、值班照明和过渡照明。

（1）正常照明是指在正常情况下使用的室内外照明。

（2）应急照明是指因正常照明的供电电源失效而启用的照明，包括疏散照明和备用照明。疏散照明包括疏散路径照明及指示标志照明，用于确保人员疏散路径被有效地辨认和使用。备用照明用于确保特殊情况下正常活动继续进行。

（3）值班照明是指为值班所设置的在非工作时间内的照明。

（4）过渡照明是指为减少建筑物内部与外界的亮度差而设置的亮度可逐次变化的照明。

二、照明系统的设计

（一）照明系统的设计原则

城市轨道交通照明系统的设计原则如下：

（1）除特殊要求外，各场所应设置一般照明。

（2）控制中心的控制台（屏）前区，站厅内的自动售票区、自动检票区、安检区，楼梯、自动扶梯及一般通行区等场所内的不同区域存在不同照度要求时，可采用分区一般照明。

（3）当工作场所内有局部照明要求时，应在该工作场所设置局部照明。

（4）对于设置一般照明照度不能满足装饰特殊要求的场所，宜采用混合照明。

（5）所有场所应设正常照明。

（6）当正常照明供电电源失效时，对于工作或活动不可中断的场所，应设置备用照明；对于需要确保人员安全疏散的场所，应设置疏散照明。

（7）对于非 24 h 连续运营的公共场所，应设置值班照明。

（8）车站出入口楼梯、地面或高架站厅与站台楼梯、区间入堑段等处宜设置过渡照明。

（9）有装饰性要求的场所可设置装饰照明或景观照明。

（二）照明灯具的选择

（1）根据照明场所的环境条件，照明灯具的选择应符合下列规定：① 特别潮湿的场所应采用有相应防护措施的灯具；② 有腐蚀性气体或蒸汽的场所应采用有相应防腐蚀要求的灯具；③ 高温场所应采用散热性能好、耐高温的灯具；④ 有尘埃的场所应按尘埃的防护等级选择灯具；⑤ 有爆炸或火灾风险的场所采用的灯具应符合《爆炸危险环境电力装置设计规范》（GB 50058—2014）的规定；⑥ 有洁净度要求的场所应采用不易积尘、易于擦拭的洁净灯具，并应符合《洁净厂房设计规范》（GB 50073—2013）的规定；⑦ 有防止紫外线照射需求的场所应采用隔紫外线灯具或无紫外线光源。

（2）地下、地面及高架区间照明应采用防潮、防尘、防震、防眩光的灯具，防护等级不应低于 IP65，并应采取防脱落措施。

（3）车辆段检修库内装有锻锤、大型桥式吊车等震动、摆动较大设备的场所，其采用的灯具应有防震和防脱落措施。

（4）高大空间的站厅、站台与车辆段检修平台等灯具自行脱落可能造成人员伤害或机械损伤的场所，其采用的灯具应有防护措施。

三、照明系统的配电方式

照明系统的重要性和其所需电源的类型不同，其配电方式也不同。车站照明系统的配电原理图如图 6-7 所示。

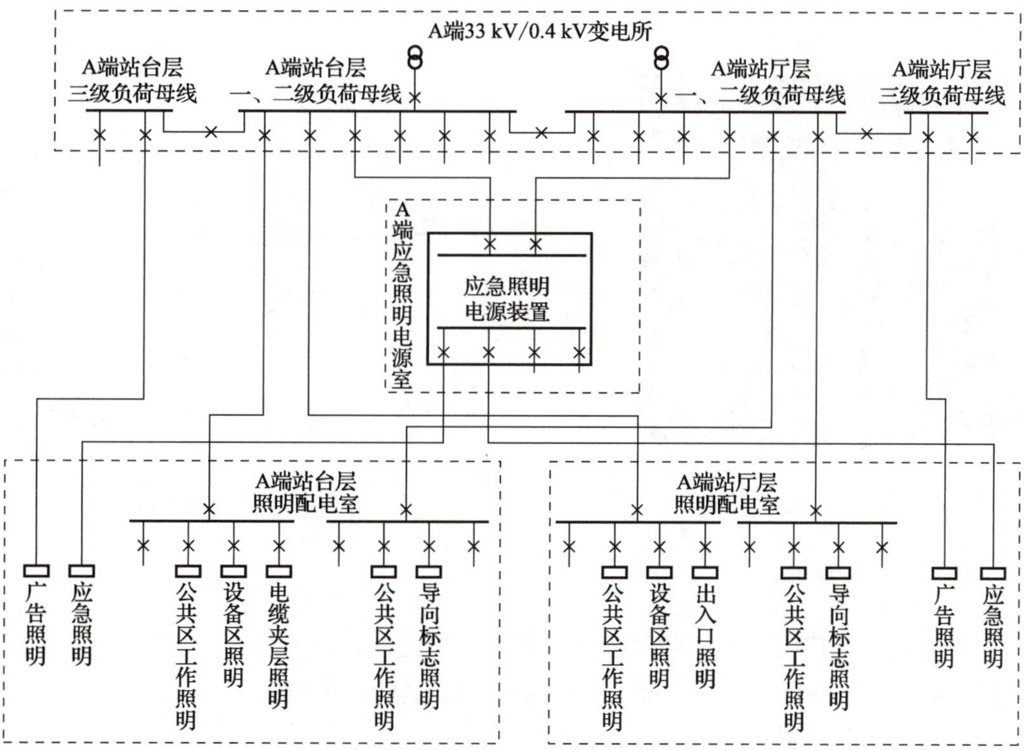

图 6-7　车站照明系统的配电原理图

（一）正常照明的配电方式

一般情况下，应在车站站台、站厅的两端各设置一个照明配电室，在站台两端各设置一个应急照明电源室，并在照明配电室内安装各类照明配电控制箱。降压变电所低压开关柜中的两段母线各送出一路电源，与照明配电室的两个配电箱连接后，采用交叉供电方式向站台、站厅、设备及管理用房供电，以满足站台层、站厅层公共区的正常照明和值班照明需求。

（二）应急照明的配电方式

应急照明一般采用互为备用的交流双电源供电，由降压变电所低压开关柜中的两段母线各送出一路电源，经应急照明配电室向各应急照明灯具配电。当一路电源失效时，应急照明灯具会自动接入另一个电路。

当两路电源均失电后，应急照明灯具由车站应急照明电源室内的应急照明电源装置（见图 6-8）供电。应急照明电源装置由蓄电池组、充电器和逆变器组成，其工作原理为：两路电源均失电后，蓄电池组自动提供 220 V 直流电源，逆变器将蓄电池组提供的直流电转换为交流电，为应急照明供电；当两路电源恢复供电后，应急照明灯具会自动切换至 380 V 交流供电模式，并利用整流器将交流电转换为直流电给蓄电池充电，以保证蓄电池电能充足。图 6-9 所示为应急照明供电原理图。

图 6-8　应急照明电源装置

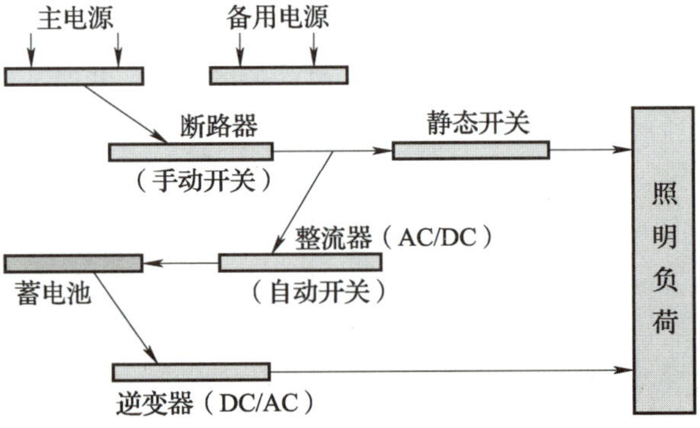

图 6-9　应急照明供电原理图

（三）广告照明的配电方式

一般情况下，广告照明由照明配电室内的照明配电箱统一配电。但是在部分城市轨道交通车站，广告照明与公共区域正常照明的供电电源分开设置。

（四）区间隧道照明的配电方式

区间隧道照明分为工作照明和应急照明。照明灯具布置在行车方向的左侧上部墙壁上，工作照明和应急照明相间布置。在正常情况下，区间隧道照明由设在隧道两端入口处的区间隧道照明配电箱配电，其中工作照明由三相交流电源供电，应急照明由单相交流电源供电。当交流电源出现故障时，车站降压变电所自动切换到蓄电池组供电模式，为应急照明灯具持续供电。

四、照明系统的控制方式

照明系统的控制方式主要有就地控制、照明配电室集中控制、车站控制室集中控制三种。

（一）就地控制

各设备及管理用房内靠近门口的墙上设有就地开关箱，利用该就地开关箱可控制设备及管理用房的一般照明。区间隧道的一般照明受隧道两端入口处的区间隧道照明配电箱控制。车站附属用房及车辆段除大型库房以外场所的照明宜采用就地开关控制。

（二）照明配电室集中控制

照明配电室内设有照明配电箱，利用照明配电箱可集中控制相应场所的照明。图 6-10 所示为照明配电箱的外部，图 6-11 所示为照明配电箱的内部。

图 6-10　照明配电箱的外部

图 6-11　照明配电箱的内部

（三）车站控制室集中控制

车站控制室内设有照明控制柜，利用照明控制柜上的转换开关和按钮，可实现对站台、站厅公共区的正常照明与应急照明的手动/自动控制转换和人工控制。其中，手动控制是指通过人工操作照明控制柜上的转换开关和按钮控制照明系统，自动控制是指利用环境与设备控制系统预先设定的方案自动控制照明系统。

素养提升馆

地铁变配电检修工与他日夜守护的设备

“我们有时开玩笑，说自己是‘大管家’管着‘万千设备’，别看这几个柜子和变压器，它们内部的元器件有上万个。”某地铁供建中心变配电检修工周某带着一丝自我调侃，谈起了自己的工作。周某的白班工作是对变电所内的设备进行巡查并做好记录，夜班工作是在地铁停运后，对变电所内的设备进行检修维护。

地铁变配电检修工作对变配电检修工的业务水平要求很高，变配电检修工不仅要有扎实的理论基础，更要具备在有限的停运时间内高效恢复设备正常状态的能力，并且不能出现任何失误，以免地铁运营中断。为了提高业务水平，周某经常参加团队技能培训，积极参加检修作业，不断学习专业知识并提高实操技能。

每逢节假日，地铁客流量都会大幅增长，为确保地铁安全运营，周某与其他工作人员一样，在节假日都会默默坚守在工作岗位上，虽然不能与家人团聚，但是他们毫无怨言，用实际行动诠释着责任和担当。在人手不足时，周某还会在值完白班后毫不犹豫地申请支援夜间检修工作，有时会连续工作二三十个小时，他用勤劳与奉献赢得了同事们由衷的敬佩。

（资料来源：何心悦，《“95 后”变配电检修工》，大河网，2020 年 2 月 29 日）

学习成果评价

请进行项目评价，并将评价结果填入表 6-8 中。

表 6-8　项目评价表

<table>
<tr><td>班级</td><td></td><td>组号</td><td></td><td colspan="2">日期</td><td></td></tr>
<tr><td>姓名</td><td></td><td>学号</td><td></td><td colspan="2">指导教师</td><td></td></tr>
<tr><td>项目名称</td><td colspan="6">低压配电系统和照明系统</td></tr>
<tr><td>评价项目</td><td colspan="3">评价内容</td><td>分值</td><td>自我评分</td><td>教师评分</td></tr>
<tr><td rowspan="5">理论知识（40%）</td><td colspan="3">低压配电系统的供电方式、控制方式与巡检</td><td>10</td><td></td><td></td></tr>
<tr><td colspan="3">低压配电系统的主要设备</td><td>10</td><td></td><td></td></tr>
<tr><td colspan="3">照明的方式与种类</td><td>5</td><td></td><td></td></tr>
<tr><td colspan="3">照明系统的设计原则与照明灯具的选择</td><td>5</td><td></td><td></td></tr>
<tr><td colspan="3">照明系统的配电方式与控制方式</td><td>10</td><td></td><td></td></tr>
<tr><td rowspan="2">实践技能（40%）</td><td colspan="3">能够正确运用低压配电系统并进行巡检</td><td>20</td><td></td><td></td></tr>
<tr><td colspan="3">能够正确设计、选择和控制照明系统</td><td>20</td><td></td><td></td></tr>
<tr><td rowspan="3">综合素养（20%）</td><td colspan="3">具有良好的学习态度</td><td>6</td><td></td><td></td></tr>
<tr><td colspan="3">具有工匠精神，在工作中做到认真负责、乐于奉献</td><td>7</td><td></td><td></td></tr>
<tr><td colspan="3">具有环保意识，在日常生活中注意节约能源</td><td>7</td><td></td><td></td></tr>
<tr><td colspan="4">合计</td><td>100</td><td></td><td></td></tr>
<tr><td colspan="4">总分（自我评分×40%+教师评分×60%）</td><td></td><td></td><td></td></tr>
<tr><td>自我评价</td><td colspan="6"></td></tr>
<tr><td>教师评价</td><td colspan="6"></td></tr>
</table>

项目七

车站暖通空调系统、环控系统及其他系统

项目引言

车站暖通空调系统是为车站提供新风，调节温度、湿度的重要系统，在紧急情况下还具有通风排烟功能。环境与设备监控系统可对车站暖通空调系统和其他影响车站环境的系统与设备进行综合管理。此外，许多城市轨道交通车站都配置有综合监控系统和综合后备盘，用于集中监控和管理分散的自动化系统和设备。

城市轨道交通服务人员应对上述系统有所了解，并学会操作相关设备，以保障城市轨道交通系统的正常运行，为乘客提供良好的乘车环境。

学习目标

本项目的学习目标如下。在学习本项目后，根据自己对知识和技能的掌握情况，以及素质提高情况，进行项目目标评价。

目标	评价内容	评价结果
知识目标	了解车站暖通空调系统的功能和控制方式	□是　□否
	熟悉车站暖通空调系统的构成和主要设备	□是　□否
	了解环境与设备监控系统的监控内容、功能	□是　□否
	熟悉环境与设备监控系统的主要设备和运行模式	□是　□否
	了解综合监控系统与综合后备盘	□是　□否
技能目标	掌握车站暖通空调系统的操作与巡检	□是　□否
	掌握环境与设备监控系统的操作	□是　□否
素质目标	培养认真负责、迎难而上的工作态度，做好机电设备的日常检修工作	□是　□否
	树立节能环保意识，践行绿色生活方式，在平时的生活中注意节能减排、保护环境	□是　□否

任务一　车站暖通空调系统的运用

任务引入

京港地铁 4 号线西直门站建成时间早，受车站结构限制，空调系统采用的是卧式风机盘管，设备老化速度较快。此外，由于该车站的 36 套空调设备均位于站厅东部，站厅中部和西部的制冷效果较差，并且早晚高峰时段的客流较为集中，使得乘客的体感温度上升，乘客的出行体验大打折扣。

为提升天气炎热时乘客的出行体验，提高车站环境的舒适度，京港地铁完成了对 4 号线西直门站空调系统的升级改造，拆除了站厅原有的 36 套空调设备，更新为 40 套四面出风的新空调设备，并将其均匀设置在站厅的东、中、西部。改造后，空调系统出风更均匀，降温更迅速，站厅内不同位置的乘客都能感受到凉意。

实测数据显示，空调系统升级改造后，西直门站站厅的平均温度约为 25℃，同比下降约 4℃。许多乘客也表示，空调系统升级后，自己在天气炎热时进入西直门站站厅后，能明显感到室温下降了，车站的环境也更加舒适。

（资料来源：裴剑飞、王贵彬，《下降了 4℃京港地铁 4 号线西直门站空调改造已部分完工》，新京报网，2020 年 7 月 21 日）

思考：

（1）车站暖通空调系统具有哪些功能？

（2）车站暖通空调系统的控制方式有哪些？

（3）车站暖通空调系统由哪些部分构成？

任务工单

任务名称：______	班　　级：______	学　　时：______
姓　　名：______	学　　号：______	实训场地：______

任务描述：

全班学生分组交流讨论车站暖通空调系统的功能、控制方式、构成、主要设备与设备的巡检等内容，并在课堂上进行分享。

任务目的：

（1）了解车站暖通空调系统的功能和控制方式。

（2）熟悉车站暖通空调系统的构成和主要设备。

一、知识储备

阅读任务引入中的案例，思考任务引入中提出的问题，带着问题学习相关知识，并完成以下练习题。

1．填空题

（1）___________________又称车站大系统。

（2）为便于乘客快速撤离，当站台层（包括列车）发生火灾时，除________ __________运转并进行排烟外，车站大系统其他设备均应停止运行。

（3）___________的主要作用是通过控制车站管理用房及设备用房的温度、湿度等环境条件，为设备提供良好的运行环境，为工作人员提供舒适的工作环境。

（4）__________是为车站大系统和车站小系统提供冷源的设备，是实现制冷循环的重要组件。

（5）__________是一种以空气为冷却介质，直接把循环冷却水携带的热量排向大气的设备。

2．判断题

（1）工作人员通过操控环控电控室内的就地控制柜，可实现对单台暖通空调设备的直接控制。（　　）

（2）区间隧道多采用单活塞通风系统而较少采用双活塞通风系统。（　　）

（3）【竞赛题】车站大系统由车站管理用房及设备用房的空调、通风（兼排烟）系统组成。（　　）

（4）风井只能单独设置，且必须设置在空气清新的地方。（　　）

（5）月检的主要任务是检查设备运行状态，确保设备运行无异常。（　　）

3．简答题

（1）简述车站暖通空调系统的功能。

（2）什么是风道、风井、风亭？

（3）简述螺杆式冷水机组的工作原理。

二、任务分工

全班学生自由分组，每组 3～5 人，从中选出一名组长，由组长负责任务分工、过程记录、结果整理等工作。组长将小组成员的姓名与任务分工情况填入表 7-1 中。

表 7-1　小组成员的姓名与任务分工情况

成员姓名		任务分工
组长		
组员		

三、任务实施

（1）以小组为单位，结合本任务所学知识分析表 7-2 中的问题，达成一致意见后，各小组成员填写该表。

表 7-2　需要分析的问题与填写的答案

需要分析的问题	填写的答案
当列车正常运行、停滞在区间隧道时，区间隧道是如何实现通风的？	
当列车发生火灾无法行驶到车站而被迫停在隧道内时，区间隧道是如何实现通风的？	
车站大系统是怎样进行通风排烟的？	
隧道风机具有哪些功能？	
补充与修改：	

（2）各小组派出代表在课堂上汇报自己小组的任务实施结果，并解答其他小组成员提出的问题。教师对各小组的汇报情况进行点评。

（3）小组成员结合教师的点评和其他小组的汇报内容，对自己填写的答案进行必要的补充与修改。

四、任务评价

教师抽查各小组中任意一名成员的任务工单，然后根据各小组的汇报情况、任务工单的抽查结果和表 7-3，对各小组进行打分。学生根据自己所在小组的得分和自己在任务实施过程中的表现进行自我评价。

表 7-3　任务评价表

评价内容	分值	教师评分	自我评价
分工明确，任务完成度高	25		
任务工单填写认真，字迹工整，答案正确	25		
汇报流畅，语言清晰，举止大方	25		
能够正确解答其他小组成员提出的问题	25		
合计	100		

相关知识

一、车站暖通空调系统的功能

暖通空调是指具有采暖、通风和空气调节功能的空调器。一般来说，车站暖通空调系统具有以下功能：

（1）调节车站内空气的温度、湿度、洁净度和流动速度，为乘客、工作人员营造舒适的环境，为机电设备营造良好的运行环境。

（2）利用室外空气（又称新鲜空气或新风）置换车站内的空气，以改善车站内的空气质量。送入车站内的空气可以是经过处理的，也可以是未经过处理的。

（3）发生火灾时，可接收报警信息，并根据消防联动控制系统的指令进入灾害模式，开启排烟通风功能。

二、车站暖通空调系统的控制方式

车站暖通空调系统的控制方式分为中央级控制、车站级控制、就地级控制。

（一）中央级控制

中央级控制装置设置在控制中心，配有中央级工作站、全线隧道通风系统、车站暖通空调系统中央模拟显示屏等。中央级控制装置的具有以下功能：

（1）监视和控制全线通风空调系统、冷水机系统、隧道通风系统。

（2）自动显示并记录全线暖通空调设备的运行状况及其累计运行时间。

（3）实时显示车站内空气的温度、湿度等数据。

（4）接收消防联动控制系统发出的报警信息并控制暖通空调系统进入灾害模式。

（二）车站级控制

车站级控制装置设置在车站控制室内，配有车站级工作站和紧急控制盘。车站级控制装置具有以下功能：

（1）监控本站的区间隧道通风系统、车站公共区通风空调系统、车站设备与管理用房通风空调系统、空调水系统。

（2）向控制中心上传本站的设备信息，并执行控制中心下达的各项运行指令。

（3）控制暖通空调系统按照预定的模式运行，根据电力负荷的变化情况自动选择暖通空调系统的运行模式。

（4）接收火灾报警信息，并通过自动控制系统控制暖通空调设备按照灾害模式运行。

（三）就地级控制

就地级控制装置（见图 7-1）设置在车站的环控电控室内，具有对单台暖通空调设备进行就地控制的功能。工作人员通过操控环控电控室内的就地控制柜，可实现对单台暖通空调设备的直接控制。

图 7-1　就地级控制装置

指点迷津

在中央级控制、车站级控制、就地级控制中，中央级控制的优先级最低，就地级控制的优先级最高。

三、车站暖通空调系统的构成

车站暖通空调系统主要由区间隧道通风系统，车站隧道排热通风系统，车站公共区通风空调系统（兼排烟系统，又称“车站大系统”），车站设备与管理用房通风空调系统（兼排烟系统，又称“车站小系统”），车站空调水系统，风道、风井和风亭等6个部分构成。

（一）区间隧道通风系统

1. 区间隧道通风系统的分类

区间隧道通风系统通常设置在车站两端，由隧道风机、风阀、消声器、活塞风道、活塞风亭等构成。区间隧道通风系统可分为区间隧道机械通风系统和区间隧道活塞通风系统。

（1）区间隧道机械通风系统一般由风机、风道、阀门、送排风口构成，采用纵向风道式通风，即在隧道顶部设置与隧道垂直的纵向风道，将新鲜空气从风道顶部引入隧道并将废气从隧道底部排出。

（2）区间隧道活塞通风系统是指利用列车在隧道内快速行驶所产生的活塞效应与外界大气中的空气进行交换的系统，有单活塞通风系统和双活塞通风系统两种。

2. 区间隧道风机的布置

根据风井的设置情况，可按照单活塞风道方案或双活塞风道方案布置区间隧道风机。除初期建设投资略高外，无论从温度、风量情况，还是从系统能耗方面来说，双活塞通风系统都优于单活塞通风系统。因此除个别风亭布置困难的车站外，大部分车站按照双活塞风道方案布置区间隧道风机。

区间隧道双活塞通风系统示意图如图7-2所示。在区间隧道两端对应每条轨道设置有一条活塞风道，配置有一台隧道风机和相应的风阀等设备，每端两台隧道风机互为备用，并且在事故工况下可同时对同一区间隧道进行通风或排烟。

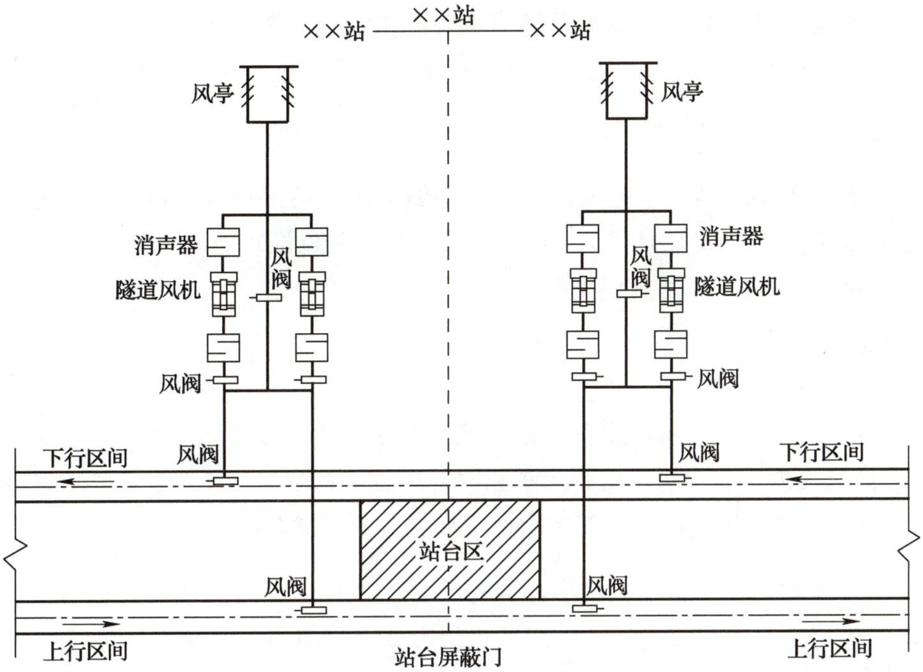

图 7-2　区间隧道双活塞通风系统示意图

3．区间隧道通风系统运行方式

区间隧道通风系统一般会按照预定模式，在城市轨道交通系统运营开始前 30 min 开启，在城市轨道交通系统运营结束后 30 min 关闭。在不同情形下，区间隧道通风系统实现通风功能的方式不同。

情形一：当列车正常运行时，区间隧道通风系统利用列车在隧道内快速行驶产生的活塞效应实现通风。

情形二：当列车停滞在区间隧道时，区间隧道机械通风系统开启，顺着列车运行方向送排风，以保证列车空调设备正常运行。

情形三：当列车发生火灾无法行驶到车站而被迫停在隧道内时，隧道一端的风机向火灾地点输送新鲜空气，另一端的风机为隧道排烟，乘客迎着气流的方向撤离事故现场，消防人员顺着气流的方向进行灭火和抢救工作。

（二）车站隧道排热通风系统

列车在行驶和制动过程中产生的热量是隧道中热量的主要来源。列车在车站内停车时，列车产生的热量主要从车厢下方排出。车站隧道排热通风系统一般由排热风机、车轨上部排热风道、站台下部排热风道、风亭等构成。车轨上部排热风道上设有成组风口，正对着列车空调冷凝器；站台下部排热风道上设有成组风口，正对着列车刹车制动装置。

列车正常运行时，分别从车轨上部排热风道和站台下部排热风道将列车制动时产生的热量排出。列车发生火灾停靠在车站时，车站隧道排热通风系统可以启动排烟功能。

（三）车站大系统

车站大系统主要由站厅全新风机、站台全新风机、站厅空调新风机、站台空调新风机、站厅回/排风机（兼排烟功能）、站台回/排风机（兼排烟功能）、站厅组合式空调机组及相应的各种风阀、防火阀等设备。

指点迷津

排风机是一种用于排除室内污浊空气的机械设备，可排出室内烟气和异味等，保证室内空气清洁和干燥。与排风机相比，回排风机的功能更加复杂，它可以将室外的新鲜空气送入室内，同时将室内的污浊空气排出室外。

车站大系统的主要设备一般集中、对称地分布在站厅层两端的环控机房内。站厅层两端的环控机房内一般分别设置一台或两台组合式空调机组，每台机组对应一台回/排风机。站厅层采用两侧送风、中间排风方式，站厅排风道兼作站厅排烟道。站台两端各设置一台空调新风机，为车站公共区提供新风。站台层采用一侧送风、另一侧排风方式，排风道、站台下部排热风道兼作站台排烟道。车站大系统的风路如图 7-3 所示。

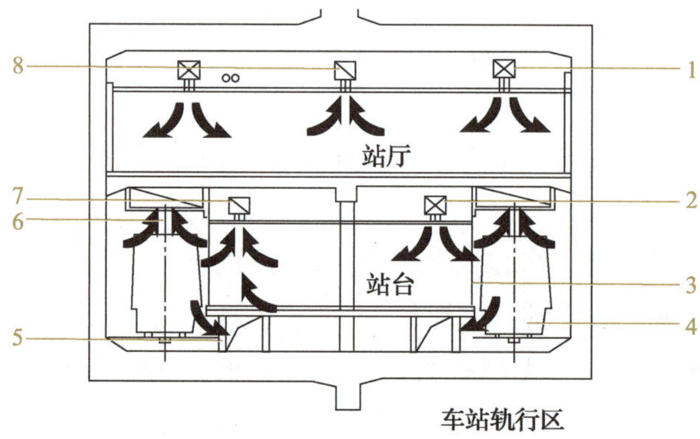

1—站厅空调送风管；2—站台空调送风管；3—站台屏蔽门；4—列车；5—站台下部排热风道；6—车轨上部排热风道；7—站台空调排风兼排烟风管；8—站厅空调排风兼排烟风管。

图 7-3 车站大系统的风路

为便于乘客快速撤离，当站台层（包括列车）发生火灾时，除站台回/排风机运转并进行排烟外，车站大系统其他设备均应停止运行。此时，站台层对站厅层形成负气压，从而阻止烟雾向站厅层蔓延，并沿楼梯方向形成逃生气流通道，如图 7-4 所示。

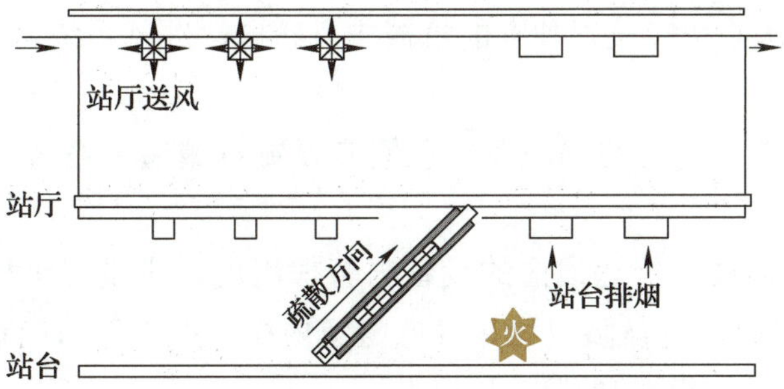

图 7-4 站台层火灾排烟示意图

当站厅层发生火灾时，除站厅回/排风机运转并进行排烟外，车站大系统其他设备均应停止运行。此时，站厅层对站台层形成负气压，从而阻止烟雾向站台层蔓延，并沿楼梯方向形成逃生气流通道，如图 7-5 所示。

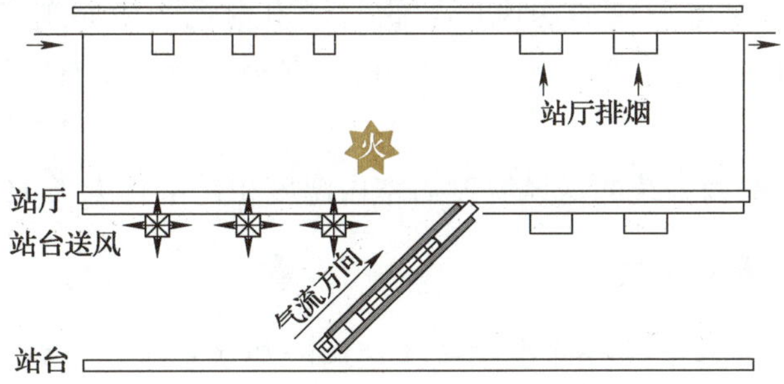

图 7-5 站厅层火灾排烟示意图

（四）车站小系统

车站小系统的主要作用是通过控制车站管理用房及设备用房的温度、湿度等环境条件，为设备提供良好的运行环境，为工作人员提供舒适的工作环境。车站小系统由车站管理用房及设备用房的空调、通风（兼排烟）系统组成，主要包括组合式空调机组、风机盘管、回/排风机、通风管道、电动风阀、消声器、放风阀、新风井道、排风井道等。车站小系统中的设备一般位于站厅层两端的环控机房和车站小系统通风机房内。

车站可根据具体情况，在满足建设要求和消防规范的前提下，对车站小系统进行设计。设计的具体要求如下：

（1）地下车站管理用房及设备用房应设置通风系统，当通风系统无法满足要求时，可利用空调系统通风。

（2）管理用房及设备用房的通风系统和空调系统应直接从户外进风，并将室内的污浊空气直接排到室外。

（3）地下变电所等室内散热量大的设备用房应设置机械通风系统，以排除余热。当余热量较大，采用机械通风系统技术经济性不高时，可设置冷风系统。

（4）厕所、污水泵房应设置独立的机械排风和自然进风系统，将室内的污浊空气直接排到室外。

（5）设置气体灭火系统的房间及气瓶间应设置机械通风系统，以便将气体从地面排出。

（6）设置在尽端线、折返线内的设备与管理用房，应设置机械排风和自然进风系统。当风道布置困难时，可从隧道进风并向隧道内排风；进风口应设在列车进站一侧并设置滤尘装置，排风口应设在列车出站一侧。

（7）通风系统与空调系统应能 24 h 运转。

（8）设备用房与管理用房宜分别设置空调系统。

（9）当设备用房设置空调系统时，宜采用全空气系统，并应满足最小新风空气调节、全新风空气调节和通风运行的条件。

（10）设备用房空调系统的送风口、阀门、室内机不应布置在其他电气设备的上方，且与其他电气设备的水平距离应大于 250 mm，外部风管不宜布置在其他电气设备的上方。

（11）设备用房空调系统的送风温度与室内温度相差不宜大于 15℃。

（五）车站空调水系统

车站空调水系统分为空调冷冻水系统和空调冷却水系统。空调冷冻水系统是指由车站冷冻站为车站大系统和车站小系统提供循环冷冻水的系统，其水量随负荷的变化而变化。空调冷却水系统的主要设备为冷却泵和冷却塔，冷却塔就近设置在室外通风良好处，能够及时冷却被加热的空调水。

（六）风道、风井和风亭

风道是指车站暖通空调系统与外界连通的通道，其外观如图 7-6 所示。

图 7-6 风道的外观

风井是指风道延伸到地面的部分，用于连通地下车站和风亭，按功能可分为新风井和排风井。新风井用于向室内送入外界的新鲜空气，排风井用于排出室内的污浊空气。风井的形式多样，既可单独设置，也可与其他建筑物结合建造，但风井必须设置在空气洁净的地方。

风亭是指设置于地面，供地下车站通风的设施，一般采用侧面开设风口方式，也可采用顶部开设风口的方式，其风口内不应有阻挡气流的障碍物。风亭的风口距地面的高度应满足防淹要求：当风亭设于路边时，风口距地面的高度不应小于 2 m；当风亭设于绿地内时，风口距地面的高度不应小于 1 m。风亭的外观如图 7-7 所示。

图 7-7　风亭的外观

四、车站暖通空调系统的主要设备

（一）区间隧道通风系统的主要设备

区间隧道通风系统的主要设备包括隧道风机、消声器、组合风阀等。

1．隧道风机

隧道风机为轴流风机，设于区间通风机房和车站两端的设备用房内，并且能根据区间隧道通风系统运行模式的要求正转或反转，从而对区间隧道、站台隧道进行通风与排烟。车站常用的隧道风机为可逆转耐高温轴流风机（简称“TVF 风机”，如图 7-8 所示）。可逆转耐高温轴流风机主要由叶片、轮毂、电动机、轴承等构成，具有通风排烟效率高、噪声小、耐高温（可在 250℃的条件下工作）等特点。

图 7-8　可逆转耐高温轴流风机

指点迷津

轴流风机是指气流沿通道轴线方向进入叶片所在的通道，在叶片与气体的相互作用下被压缩，最后沿通道轴线方向流出的风机，通常用于对空气需求量较大而对气压要求较低的场合。

2. 消声器

消声器是指安装在进、排气系统中用于降低噪声的装置。在区间隧道通风系统中，隧道风机的前后均设有消声器，以降低气流产生的噪声。城市轨道交通通风系统一般选用阻性消声器（见图 7-9）。阻性消声器可以利用声波在敷设于气流通道内的多孔性吸声材料中传播时产生的摩擦阻力和黏滞力，将声能转化为热能，从而达到消声目的。

3. 组合风阀

组合风阀主要由风阀底框、传动机构、执行器等和多个单体风阀构成，用于调节新风量或排风量，其外观如图 7-10 所示。除区间隧道通风系统外，组合风阀还常设置在车站隧道排热通风系统和车站大系统中。

图 7-9　阻性消声器

图 7-10　组合风阀的外观

车站通常需要设置大型组合风阀来满足对通风量的要求。大型组合风阀由若干个单元阀组合而成，可采用立式或卧式安装方式安装，并且能够在 250℃的条件下持续有效工作 1 h。大型组合风阀的面积多为 20 m^2。

（二）车站隧道排热通风系统的主要设备

车站隧道排热通风系统的主要设备为排热风机（见图 7-11）。车站隧道的排热风机为轴流风机，采用 AC 380 V 消防电源，可配备变频器，有远程控制与就地控制两种控制方式。排热风机的前方和后方均设有独立的消声器，排热风机靠近风井的一侧设有联动风阀。车站隧道排热通风系统开始运行时，需要先启动排热风机的联动风阀，再启动排热风机；车站隧道排热通风系统停止运行时，应先关闭排热风机，再关闭排热风机的联动风阀。排热风机在 250℃的条件下能持续有效工作 1 h。

图 7-11　排热风机

（三）车站大系统的主要设备

车站大系统的主要设备包括组合式空调机组、由回排风机和排烟风机组成的空调机组等。

1．组合式空调机组

组合式空调机组是一种由混合段（包括新风段和回风段）、过滤段、表冷挡水段、加热段、加湿段、送风机段、均流段、消声段、出风段组装而成的不带冷热源的空气处理设备，其外观如图 7-12 所示。组合式空调机组的风机可配备变频器。组合式空调机组采用 AC 380 V 非消防电源，有远程控制与就地控制两种控制方式。组合式空调机组内的照明装置和过滤段内的空气净化装置均采用 AC 220 V 非消防电源，由组合式空调机组控制箱直接供电。

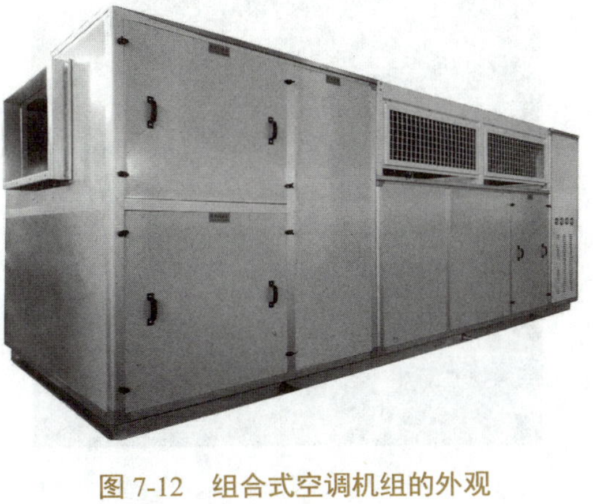

图 7-12　组合式空调机组的外观

2. 由回排风机和排烟风机组成的空调机组

车站大系统中的回排风机通常与排烟风机组成空调机组，其外观如图 7-13 所示。该空调机组的风机盘管应满足车站在正常运行时的排风和发生火灾时的排烟要求。回排风机与排烟风机也可单独设置，由回排风机完成正常工况下的回排风任务，排烟风机完成公共区火灾工况下的排烟任务。车站采用的回排风机和排烟风机多为轴流风机，外形基本相同，但尺寸大小有所不同。

图 7-13　由回排风机与排烟风机组成的空调机组的外观

（四）车站小系统的主要设备

车站小系统的主要设备包括空调箱、送风机、排风机、排烟风机等。

1. 空调箱

空调箱是指将空气过滤器、表冷器、加热器、加湿器等装在一个箱体内的机组，其外观如图 7-14 所示。与车站大系统中的组合式空调机组相比，车站小系统中的空调箱功能较少，体积也相对较小。

图 7-14　空调箱的外观

2. 送风机、排风机、排烟风机

车站小系统中大部分送风机、排风机、排烟风机的外形相似，它们仅在大小上有所区别。车站小系统通常采用混流风机。混流风机的特点如下：① 风量和压头偏小；② 采用高温电机，电机全封闭内置；③ 设有专门的电机冷却系统，耐高温，性能好，效率高，噪声小；④ 结构紧凑，体积小；⑤ 安装方便。

指点迷津

混流风机兼有轴流风机和离心风机的功能，既能让空气做轴向运动，又能让空气做离心运动。

（五）车站空调水系统的主要设备

车站空调水系统的主要设备包括冷水机组、冷冻水泵、冷却水泵、分集水器、冷却塔等。

1. 冷水机组

冷水机组是为车站大系统和车站小系统提供冷源的设备，是实现制冷循环的重要组件。车站大多采用螺杆式冷水机组，其外观如图 7-15 所示。

图 7-15　螺杆式冷水机组的外观

螺杆式冷水机组主要由螺杆压缩机、冷凝器、蒸发器、节流装置等构成。螺杆压缩机对低温低压液态制冷剂加压，使其成为高温高压气态制冷剂，高温高压气态制冷剂在冷凝器中与冷却媒介（如冷却水）进行热量交换后，成为高压液态制冷剂，高压液态制冷剂通过节流装置后，少部分汽化为蒸气，大部分成为低温低压液态制冷剂并再次进入螺杆压缩机中，从而达到制冷目的。

2. 冷冻水泵

冷冻水泵主要用于完成冷冻水的循环，有卧式和立式两种，如图 7-16 和图 7-17 所示。冷冻水泵一般安装在冷冻水的回水管路上，冷冻水泵连接的回水管路均应采取保温措施。

图 7-16　卧式冷冻水泵

图 7-17　立式冷冻水泵

3. 冷却水泵

冷却水泵用于输送空调系统中的冷却水，其冷却水管的两端分别连接冷水机组和冷却塔。冷却水泵有卧式和立式两种，图 7-18 所示为卧式冷却水泵。

4. 分集水器

分集水器由分水器和集水器两部分构成，是冷冻水循环系统的重要组成部分，其外观如图 7-19 所示。其中，分水器用于向各分路分配冷冻水，集水器用于从各分路、环路收集冷冻水回水。此外，分集水器还具有以下作用：① 连通各个并联的分路、环路；② 均衡压力，使各个分路、环路具有相同的起始压力或终端压力，确保流量分配均衡。

图 7-18　卧式冷却水泵

图 7-19　分集水器的外观

5. 冷却塔

冷却塔是一种以空气为冷却介质，直接把循环冷却水携带的热量排向大气的设备。冷却塔一般设置在车站外，用于冷却从冷水机组中排出的水。按冷却塔内使空气流动的动力不同，冷却塔可分为自然通风式冷却塔和机械通风式冷却塔，以机械通风式冷却塔最为常见。机械通风式冷却塔主要由风机、电机、减速器、布水器、淋水填料、电机支架等构成，其结构如图 7-20 所示。

此外，按空气与水的相对流向不同，冷却塔可分为逆流式冷却塔和横流式冷却塔。在逆流式冷却塔中，水和空气平行流动，但方向相反；在横流式冷却塔中，水和空气的流动方向相互垂直。

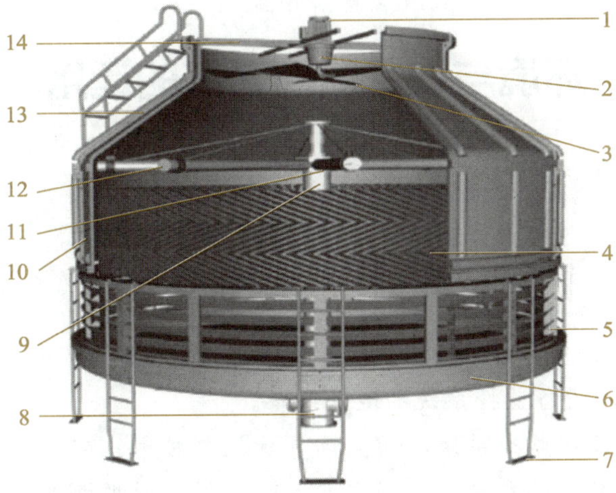

1—电机；2—减速器；3—风机；4—淋水填料；5—进风窗；6—过水底盘；7—塔脚；8—进出水总成；9—进水管；10—中壳体；11—布水管；12—布水器；13—上壳体；14—电机支架。

图 7-20 机械通风式冷却塔的结构

五、车站暖通空调系统设备的巡检

车站暖通空调系统设备的巡检包括日巡、周巡、月检、春检、秋检和年检。

（1）日巡。工作人员每日应巡视检查制冷机组、空调水泵、冷却塔等。例如，每日巡视检查制冷机组，主要检查主机和集中总管压差装置的工作状况，记录压力表的读数；每日巡视检查空调水泵的运行声音和抖动是否异常，轴封是否漏水；每日巡视检查冷却塔，主要检查电机、齿轮箱、风扇是否有异常声音，冷却塔是否有漏水现象。

（2）周巡。周巡的主要任务是检查设备的运行状态，确保设备正常运行。例如，每周清理冷水机组外表一次，净化其主机所处的环境。

（3）月检。月检的主要任务是确保设备安装稳固，线路完好，不存在安全隐患。例如，每 6 个月巡视检查一次冷却塔，主要检查电机、变速箱、风扇固定是否牢靠，更换冷却塔内部的润滑油；每月巡视检查一次新风柜，主要清洗空气过滤器，更换破损的空气过滤器，检查出风口避震软连接。

（4）春检、秋检。春检、秋检的主要任务是对受季节变化影响较大的设备进行检修和维护，确保设备在夏季和冬季能够正常运行。例如，在春检时，对车站暖通空调系统中的风管、水管、冷却塔等在夏季投入使用的设备进行检查、维护；在秋检时，对空调设备进行防冻保养。

（5）年检。年检的主要任务是对设备主体进行必要的检查，包括检查设备元器件的可靠性、设备的绝缘性能等。例如，每年巡视检查一次新风柜，主要检查轴承、机壳、附属设备等，更换磨损严重的零部件，清洗风机叶轮。

任务二　环境与设备监控系统的运用

任务引入

广州地铁 18 号线首段于 2021 年 9 月 28 日开通运营，这是全国范围内首条全线使用高效智慧环境与设备监控系统的地铁线路。

该智慧环境与设备监控系统利用主动寻优控制技术，完成对设备的节能控制和对能耗数据、运维数据的采集、分析与学习，能够实时监测车站内人体的热舒适指标，并据此动态调节车站公共区的送风温度、送风湿度、送风量、二氧化碳浓度等，在降低能耗的同时保证乘客的舒适感。

（资料来源：严艺文，《广州地铁十八号线首通段智慧环控系统，全线能效指标交付且通过验收》，金羊网，2023 年 5 月 11 日）

思考：

（1）什么是环境与设备监控系统？环境与设备监控系统的监控内容有哪些？

（2）环境与设备监控系统具有哪些功能？

（3）环境与设备监控系统的主要设备有哪些？

任务工单

任务名称：＿＿＿＿＿＿　班　级：＿＿＿＿＿＿　学　时：＿＿＿＿＿＿

姓　名：＿＿＿＿＿＿　学　号：＿＿＿＿＿＿　实训场地：＿＿＿＿＿＿

任务描述：

全班学生分组讨论、分析任务引入中提出的问题，达成一致意见后，以小组为单位在课堂上汇报讨论结果与任务实施过程。

任务目的：

（1）了解环境与设备监控系统的监控内容。

（2）了解环境与设备监控系统的主要设备。

（3）熟悉环境与设备监控系统的功能。

一、知识储备

阅读任务引入中的案例，思考任务引入中提出的问题，带着问题学习相关知识，并完成以下练习题。

1. 填空题

（1）____________________是指对城市轨道交通建筑物内的乘客信息系统、给排水系统、照明系统、暖通空调系统、自动扶梯及电梯、站台屏蔽门、防淹门等系统和设备进行集中监视、控制和管理的系统。

（2）在现场级环控设备中，____________一般集中设置在环控电控室内，部分分散设置于被控设备附近。

（3）中央级环境与设备监控系统的功能主要包括____________功能、显示功能、____________功能、管理功能。

（4）中央级环境与设备监控系统通过__________、__________、__________三种方式与车站级环境与设备监控系统实现双向数据传输。

（5）中央级环境与设备监控系统的控制方式一般包括____________、模式控制、系统联动控制、____________等。

2. 判断题

（1）【竞赛题】环控设备的控制分为中央级、车站级、现场级等级别。（　　）

（2）控制中心应配置冗余的操作工作站和服务器。（　　）

（3）【竞赛题】在环境与设备监控系统中，设备处于车站级控制时，中央级环境与设备监控系统可以获取设备的控制权限。（　　）

（4）车站级环境与设备监控系统与中央级环境与设备监控系统显示的内容完全相同。（　　）

（5）对某台设备进行调试或检修时，常使用模式控制方式。（　　）

3. 简答题

（1）简述环境与设备监控系统的运行模式。

（2）简述环境与设备监控系统的基本操作。

二、任务分工

全班学生自由分组，每组 3～5 人，从中选出一名组长，由组长负责任务分工、过程记录、结果整理等工作。组长将小组成员的姓名与任务分工情况填入表 7-4 中。

表 7-4　小组成员的姓名与任务分工情况

成员姓名		任务分工
组长		
组员		

三、任务实施

（1）以小组为单位，根据任务引入、任务描述和本任务所学知识分析表 7-5 中的问题，达成一致意见后，各小组成员填写该表。

表 7-5　需要分析的问题与填写的答案

需要分析的问题	填写的答案
环境与设备监控系统的监控内容有哪些？	
中央级环境与设备监控系统的显示功能具体包括哪些？	
车站级环境与设备监控系统的主要设备有哪些？各设备分别具有哪些功能？	
中央级环境与设备监控系统和车站级环境与设备监控系统在设备控制方面有哪些区别？	
补充与修改：	

（2）各小组派出代表在课堂上汇报自己小组的讨论结果与任务实施过程，并解答其他小组成员提出的问题。教师对各小组的汇报情况进行点评。

（3）小组成员结合教师的点评和其他小组的汇报内容，对自己填写的答案进行必要的补充与修改。

四、任务评价

教师抽查各小组中任意一名成员的任务工单，然后根据各小组的汇报情况、任务工单的抽查结果和表 7-6，对各小组进行打分。学生根据自己所在小组的得分和自己在任务实施过程中的表现进行自我评价。

表 7-6　任务评价表

评价内容	分值	教师评分	自我评价
分工明确，任务完成度高	25		
任务工单填写认真，字迹工整，答案正确	25		
汇报流畅，语言清晰，举止大方	25		
能够正确解答其他小组成员提出的问题	25		
合计	100		

相关知识

一、环境与设备监控系统的监控内容

环境与设备监控系统（building automatic system, BAS）是指对城市轨道交通建筑物内的乘客信息系统、给排水系统、照明系统、暖通空调系统、自动扶梯及电梯、站台屏蔽门、防淹门等系统和设备进行集中监视、控制和管理的系统。环境与设备监控系可分为中央级、车站级、现场级三级系统。

环境与设备监控系统在城市轨道交通运营中具有十分重要的地位，其主要监控对象如图 7-21 所示。

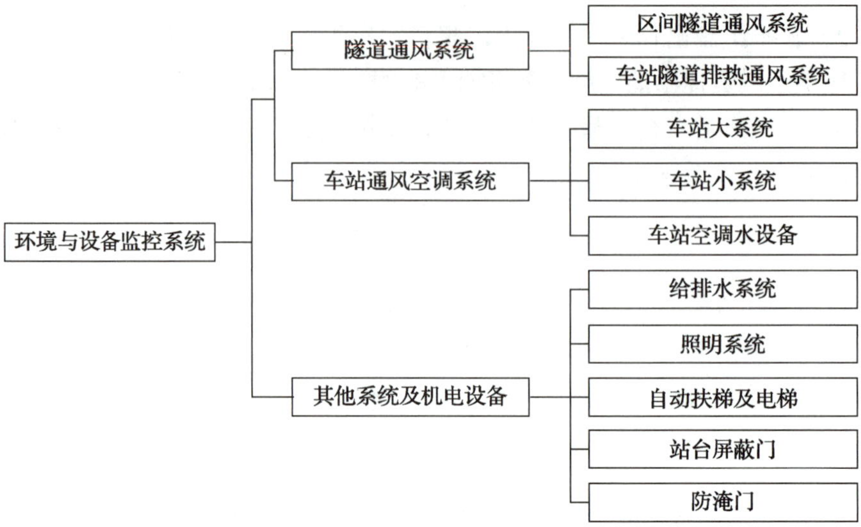

图 7-21　环境与设备监控系统的主要监控对象

环境与设备监控系统对监控对象的监控内容如下：① 区间隧道通风系统和车站隧道排热通风系统中隧道风机、回/排风机的启停，车站大系统、车站小系统中空调机组与回/排风机的启停；② 车站空调水系统中冷水机组、冷冻泵和冷却泵的启停；③ 给排水系统中水泵的启停；④ 照明设备的开、关状态；⑤ 自动扶梯及电梯的启停；⑥ 站台屏蔽门的运行状态；⑦ 防淹门的开、关状态。

二、环境与设备监控系统的功能

（一）中央级环境与设备监控系统的功能

中央级环境与设备监控系统的功能主要包括数据传输功能、显示功能、控制功能、管理功能。

1. 数据传输功能

中央级环境与设备监控系统通过应答、实时、定时三种方式与车站级环境与设备监控系统实现双向数据传输。

（1）应答方式。中央级环境与设备监控系统确定车站节点地址和数据类型，发出控制指令，与车站节点地址相吻合的车站级环境与设备监控系统响应控制指令，上传中央级环境与设备监控系统所需的数据信息。

（2）实时方式。中央级环境与设备监控系统与车站级环境与设备监控系统通过网络连接，能够传输实时数据。实时数据具有较高的传输优先级。

（3）定时方式。中央级环境与设备监控系统可以根据预设的时间表定时传输数据，适用于传输对实时性要求不高的数据。

2. 显示功能

（1）综合显示。中央级环境与设备监控系统可显示城市轨道交通线路概览图，反映各车站的地理位置和车站、隧道主要环控设备的工作状态。城市轨道交通线路概览图可以用颜色变化、灯光闪烁、报警鸣笛等方式显示车站级设备运行状态和故障情况。

（2）工况图显示。中央级环境与设备监控系统可显示环境与设备监控系统的工况图，以便控制中心工作人员直观地了解环境与设备监控系统的工况，并对该系统进行监控。

（3）分画面显示。中央级环境与设备监控系统可通过多个画面，分区域、分系统实时显示不同车站的环控设备、照明设备、自动扶梯及电梯等设备的运行状态和故障状态。

（4）趋势图显示。趋势图包括实时趋势图和历史趋势图。中央级环境与设备监控系统可显示各车站环境温度、湿度等参数的变化规律，为控制中心工作人员制订调控方案提供数据支持。

（5）控制方式显示。中央级环境与设备监控系统可以显示环境与设备监控系统的控制方式。如果某车站环境与设备监控系统的控制方式切换到中央级环境与设备监控系统控制方式，则该车站接受中央级环境与设备监控系统发出的控制指令；否则，该车站将自行控制本站的环控设备。

（6）运行模式显示。中央级环境与设备监控系统可显示其当前的运行模式，主要有正常模式、阻塞模式、火灾模式三种。

（7）设备统计显示。中央级环境与设备监控系统可以文本形式实时显示环控设备的累计运行时间和故障的类型、发生地点、起止时间、持续时长等。

（8）报警显示。中央级环境与设备监控系统可采用不同的报警方式（如声光报警、弹出报警画面等）显示不同级别、类型的报警信息，以便控制中心工作人员快速确定报警设备的位置。

3. 控制功能

控制中心工作人员通过中央级环境与设备监控系统对全线设备和环境参数进行自动监控，调度、组织、协调全线设备按照指定的模式运行。控制中心具有远程控制车站级环控设备的功能，典型的控制命令有开与关、启动与停止、上升与下降等。

中央级环境与设备监控系统的控制方式一般包括时间表控制、模式控制、系统联动控制、单点控制等。

（1）时间表控制：根据事先确定的时间表向设备发出各种控制指令。时间表由控制中心工作人员管理。

（2）模式控制：由一组预设的控制命令构成，能够实现某一特定的功能。采用模式控制方式时，工作人员只需要操作系统发出模式指令，即可自动实现相应的控制。顺序控制方式属于模式控制方式中的一种，将多个受控对象按照一定的安全联锁关系定义为一个顺序操作序列，控制中心工作人员选择需要的顺序控制序列，即可对多个受控对象进行控制。

（3）系统联动控制：中央级环境与设备监控系统内部各子系统之间的自动或半自动触发控制。

（4）单点控制：从被控对象中选择一个对象对其进行控制。单点控制效率低，主要用于现场级环境与设备监控系统，中央级环境与设备监控系统较少使用。

4. 管理功能

（1）监控管理。中央级环境与设备监控系统主要是对城市轨道交通机电设备的运行状态进行实时、自动监视，控制设备的开启和关停，检测环境参数。

（2）数据库管理。控制中心工作人员可利用数据库管理工具管理全线的历史数据和实时数据，包括各车站站厅、站台和管理设备用房的温度、湿度等环境参数，还可以根据数据的归档记录，查询和打印任意车站环控设备的运行模式、工况、运行记录、故障记录、维修保养记录等。

（3）运行模式管理。控制中心工作人员可根据城市轨道交通运营情况，修改中央级环境与设备监控系统原有的运行模式或者添加新的运行模式，以优化环境与设备监控系统的控制和管理。

（4）节能管理。控制中心工作人员可在中央级环境与设备监控系统中预设多组运行模式，使车站级环境与设备监控系统根据实际情况自动切换运行模式，实现对环控设备的节能管理。

（5）报表管理。控制中心工作人员可利用中央级环境与设备监控系统对各种运营管理报表（如班报表、日报表、月报表、年报表、阶段报表等）进行管理。

（6）权限管理。中央级环境与设备监控系统具有操作权限分级管理功能，可以为不同级别的工作人员分配不同的权限，所有工作人员只能在相应的权限范围内操作该系统。

（7）设备运行与维护管理。中央级环境与设备监控系统具有统计全线机电设备的累计运行时间和故障信息，制订环控设备的日常检查、维修、保养计划等功能。

（8）网络监视管理。中央级环境与设备监控系统可利用网络监视软件在线监视网络负荷情况，并对网络故障进行自检和在线修复。

（9）时钟信息管理。中央级环境与设备监控系统具有时钟同步功能，可将时钟信号传送到全线所有车站，使各车站设备的时间与中央级环境与设备监控系统的时间保持一致。

（二）车站级环境与设备监控系统的功能

车站级环境与设备监控系统的功能主要包括显示功能、检测功能、数据管理功能、控制功能。

1. 显示功能

车站级环境与设备监控系统的显示功能与中央级环境与设备监控系统的显示功能基

本相同，主要包括综合显示、分画面显示、趋势图显示、控制方式显示、运行模式显示、设备统计显示、报警显示等，但是车站级环境与设备监控系统仅显示与本车站环境与设备监控系统相关的内容。

2. 检测功能

车站级环境与设备监控系统可按通风空调要求对各参数采样点与调控点进行巡回检测，监控车站范围内的环境质量，记录该范围内的环境参数、机电设备的运行状态和运行时间等。

3. 数据管理功能

车站级环境与设备监控系统的数据库具有对短期信息和历史信息归档的功能。当通信网络发生故障时，数据库会暂存历史监控信息，待通信网络故障消除后，由车站控制室工作人员操作综合后备盘将数据传输至控制中心。

4. 控制功能

车站级环境与设备监控系统与中央级环境与设备监控系统均可对车站设备进行控制和管理，它们遵守系统的优先级运行，保证车站设备控制和管理的安全性、可靠性和一致性。中央级环境与设备监控系统用于协调管理与总体运行方案、阻塞事故、早晚通风模式等有关的指令。在涉及多个车站的设备联合运行时，车站级环境与设备监控系统须接收并执行中央级环境与设备监控系统发出的指令。在运行方案制订、运行模式切换、运行参数更改等方面，车站级环境与设备监控系统与中央级环境与设备监控系统须通过授权进行协调。

车站级环境与设备监控系统具有完整的控制功能，在正常情况下，车站级环境与设备监控系统受控于中央级环境与设备监控系统；在全线通信网络出现故障时，车站级环境与设备监控系统能够独立工作。除需要中央级环境与设备监控系统协调的任务外，车站的其他环控管理任务均由车站级环境与设备监控系统完成。

此外，车站级环境与设备监控系统还具有闭环控制功能，即控制器与控制对象之间既有正向作用，又有反向联系。车站级环境与设备监控系统可通过检测环境参数，借助PID控制器对暖通空调系统、给排水系统等系统中设备的工况数据进行收集、分析，并据此调整环控设备的运行模式，实现闭环控制。例如，根据环境温度、湿度计算焓值（空气中含有的总热量），并据此控制空调系统冷冻水阀、排风阀门和新风阀门的打开角度。

指点迷津

PID控制器是工业控制应用中常见的反馈回路部件，由比例单元P、积分单元I和微分单元D并联组成，可按控制对象的实时数据与给定值的比例、积分和微分来控制、调整控制对象的运行模式。

（三）现场级环境与设备监控系统的功能

现场级环境与设备监控系统的功能主要如下：

（1）对单台设备进行就地控制，常用于设备的调试与检修。

（2）采集、转换设备的现场信号，输出控制信号。

（3）接收火灾自动报警系统的报警信息，执行火灾模式控制指令。

（4）主控制器通过现场总线与具有智能通信接口的其他受控设备连接，实现数据互通。

三、环境与设备监控系统的主要设备

环境与设备监控系统由中央监控管理层、车站监控层（如现场维护终端等）、现场控制层（如输入/输出模块等）及相关通信网络构成，如图 7-22 所示。由图 7-22 可知，环境与设备监控系统中的设备主要包括中央级环控设备、车站级环控设备和现场级环控设备。

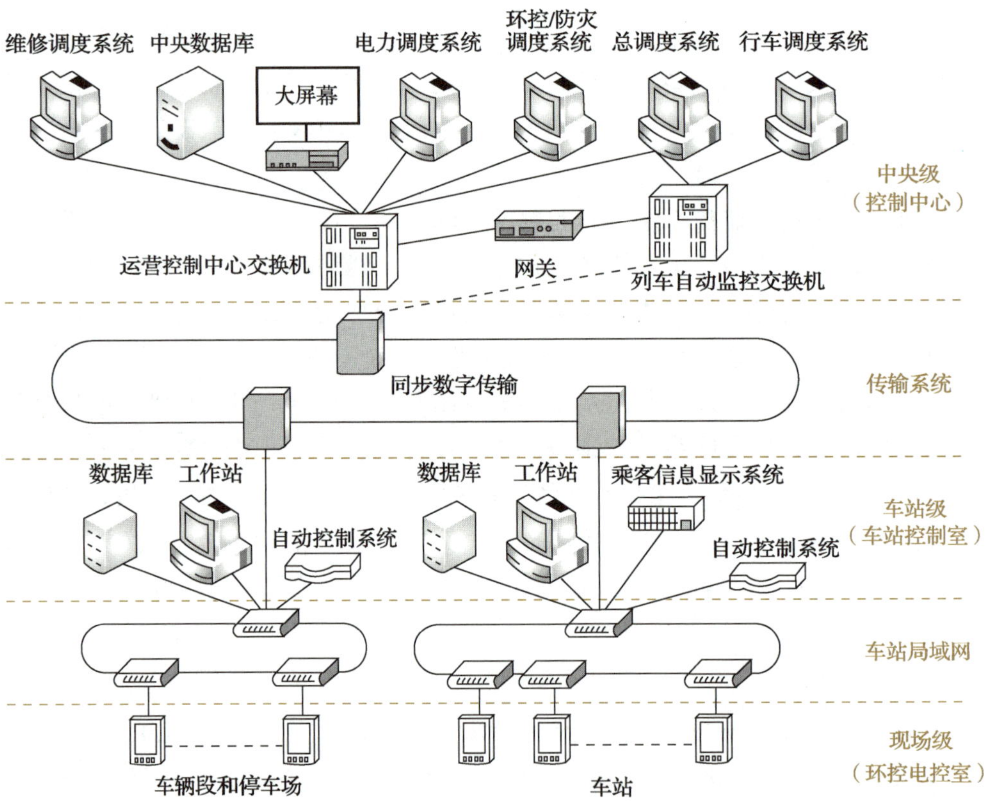

图 7-22　环境与设备监控系统的构成

（一）中央级环控设备

中央级环控设备设置在控制中心，主要设备及其功能如下：

（1）操作工作站与服务器。操作工作站主要用于对环控设备进行日常操作、监视和调度管理。控制中心应配置两台操作工作站，采用并列运行方式或冗余热备技术，使其中一台操作工作站处于热备状态，确保当另一台操作工作站出现故障时，中央级环境与设备监控系统仍能正常运行。同时，控制中心还应配置两台冗余的服务器，以便对全线数据进行管理。

指点迷津

热备状态是指备用设备已经通电和连接，一旦主用设备失效，备用设备就能立即投入使用的状态。

（2）大屏幕显示系统（见图 7-23）。大屏幕显示系统可以直观地显示全线重要设备的运行状态、运行参数等，便于控制中心工作人员实时掌握设备运行的总体情况，及时发现并处理问题。

图 7-23　大屏幕显示系统

（3）维护工作站。维护工作站可以监视全线环境与设备监控系统被控对象的运行状态，形成维护管理趋势报告，对环境与设备监控系统软件进行维护与组态、设置运行参数、修改操作界面，对环境与设备监控系统硬件设备进行故障判断及维护管理。

指点迷津

组态是指在分散控制系统中，控制中心工作人员根据系统要求对不同的功能模块进行适当组合与连接的过程。

除上述设备外，中央级环境与设备监控系统还应至少配置一台事件信息打印机及一台报表打印机，配置在线式不间断电源，其后备时间不小于 1 h。

（二）车站级环控设备

车站级环控设备设置在车站控制室内，主要有操作工作站和服务器、综合后备盘、火灾自动报警系统接口设备等。车站局域网把车站所有环控设备连接起来，通过城市轨道交通骨干网实现与中央级局域网的连接。车站级环控设备及其功能如下：

（1）操作工作站和服务器。操作工作站和服务器用于在正常运行状态和事故工况下，对隧道通风系统、车站暖通空调系统、其他系统及机电设备发出相应的监控与管理指令，同时接收并执行中央级环境与设备监控系统发出的指令。

（2）综合后备盘。综合后备盘作为车站级环境与设备监控系统火灾工况自动控制的后备装置，其操作权限高于车站级操作工作站和中央级操作工作站，盘面以火灾工况操作为主，操作程序简单、直接。

（3）火灾自动报警系统接口设备。车站级环境与设备监控系统和火灾自动报警系统之间设有通信接口，当发生火灾时，火灾自动报警系统发出火灾模式指令，车站级环境与设备监控系统优先执行相应的控制程序。

除上述设备外，车站级环境与设备监控系统还应配置一台打印机，用于打印历史信息和报表，配置在线式不间断电源，其后备时间不小于 1 h。

（三）现场级环控设备

现场级环控设备主要由就地控制柜、现场检测仪表等构成。

就地控制柜可执行中央级环境与设备监控系统发出的指令，如执行切换运行模式、更改设定值或其他关联参数的指令。就地控制柜一般集中设置在环控电控室内，部分分散设置于被控设备附近。就地控制柜必须具有联锁保护功能，以控制被控设备按顺序执行指令。就地控制柜应冗余配置，主用就地控制柜应具有自动切换功能。

在站厅、上行线或下行线的隧道口、新风道、排风道、照明配电室、冷冻机房、其他重要设备房等地应设置温度、湿度感应器等现场检测仪表，用于测量环境中需要重点监控的参数。在空调水系统管路上应设置检测水温、水压、水压差、水流量、水位的传感器，用于检测空调水系统中需要重点监控的参数。在冷冻水管路上应设置二通或三通流量调节阀，用于调节冷量。

指点迷津

冷量是指制冷设备在单位时间内通过制冷消耗目标空间热量的多少，或导热设施在单位时间内从目标空间所导出的热量的多少。

四、环境与设备监控系统的运行模式

环境与设备监控系统的运行模式主要有正常模式、阻塞模式、火灾模式三种。

（一）正常模式

正常模式是环境与设备监控系统最常用的一种运行模式。在正常模式下，环境与设备监控系统按照预设的时间表，对各种机电设备进行常规监控；控制中心实时显示各车站监控对象的工作状态，在巡检全线各车站及区间内设备的实时运行状态的基础上，建立设备管理历史数据库，并根据需要生成各种统计报表。

（二）阻塞模式

当列车因故障或其他原因停在区间或车站，无法按原计划行车时，中央级环境与设备监控系统发出按照阻塞模式运行的指令，车站级环境与设备监控系统在接收该指令后，控制通风设备在阻塞模式下运行，从而抑制隧道内温度的上升，确保列车空调冷凝器能够正常工作。

（三）火灾模式

发生火灾时，一旦火灾报警控制器发出的报警信号被确认，火灾报警控制器就会将火灾发生的位置和联动控制指令发送给环境与设备监控系统，同时令车站环境与设备监控系统进入火灾模式。环境与设备监控系统按照火灾报警控制器发出的模式控制指令执行控制预案，调用火灾模式下的控制程序。火灾模式的执行优先级别最高，正常模式可以自动切换为火灾模式。火灾消除后，必须对车站级环境与设备监控系统进行火灾复位，才能使其切换为正常模式。

五、环境与设备监控系统的基本操作

虽然不同城市轨道交通系统使用的环境与设备监控系统可能不同，但是其功能和操作基本相同。环境与设备监控系统的基本操作如下。

（一）登录

车站控制室工作人员首次启动环境与设备监控系统时，该系统会弹出“登录”对话框，如图 7-24 所示。车站控制室工作人员须输入正确的登录信息，才能进入系统并进行相关操作。车站控制室工作人员应牢记自己的用户名和密码，在每次使用完系统后，及时退出用户登录状态，切记不能将自己的用户名和密码借给他人使用。

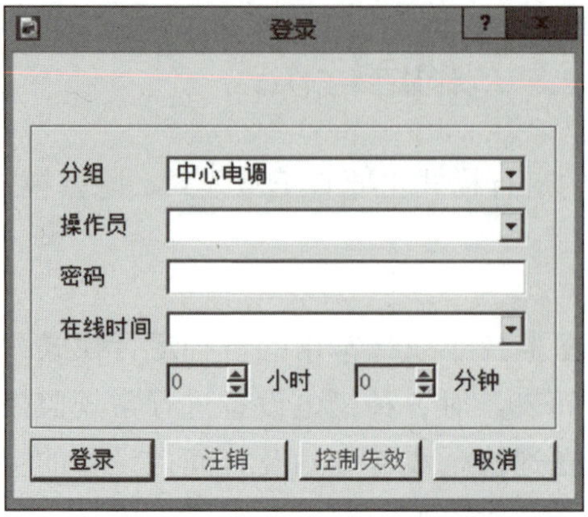

图 7-24 “登录”对话框

（二）界面选择

环境与设备监控系统包括供电、机电、火灾报警、屏蔽门、售检票等子系统。进入子系统后，根据需要选择不同的选项卡，可打开相应的界面。例如，进入机电子系统后，分别选择“大系统”“小系统”“水系统”选项卡，可显示相应的界面，如图 7-25～图 7-27 所示。

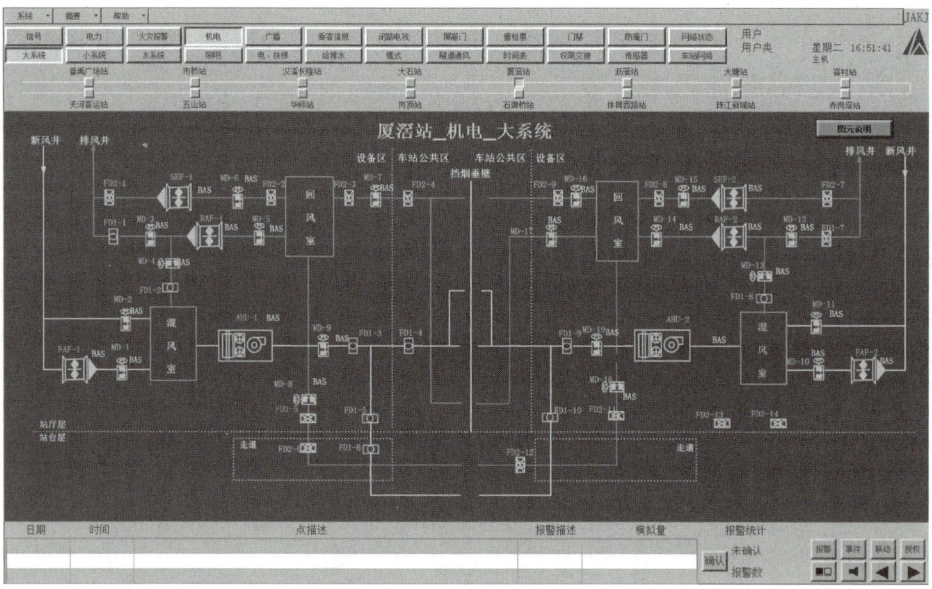

图 7-25 大系统界面

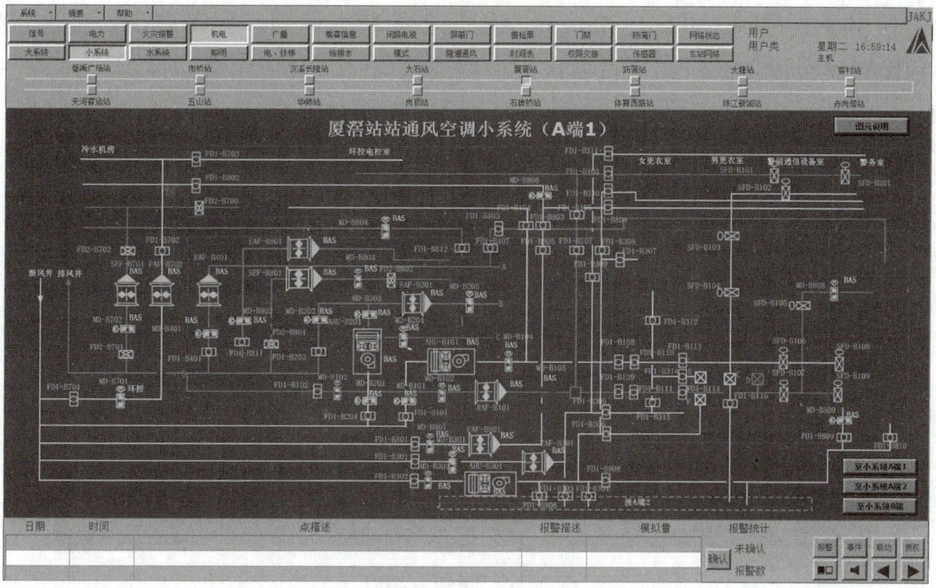

图 7-26　小系统界面

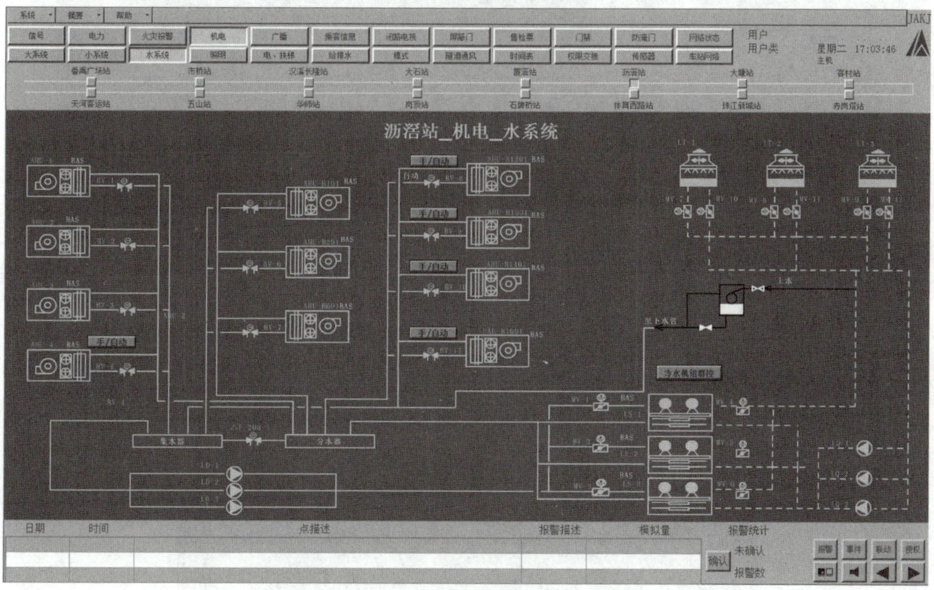

图 7-27　水系统界面

（三）控制

环境与设备监控系统常用的控制方式主要有时间表控制、模式控制和单点控制三种，其界面分别如图 7-28～图 7-30 所示。在日常运营期间，环境与设备监控系统采用时间表控制方式，自动调节环控设备的运行状态。当出现特殊情况时，车站控制室工作人员可将环境与设备监控系统的控制方式切换至模式控制方式，手动操作并下达设备运行指令；若使用模式控制方式无法完成对个别设备的精准控制，则需要切换至单点控制模式，单独操控某个设备。对某台设备进行调试或检修时，常使用单点控制模式。

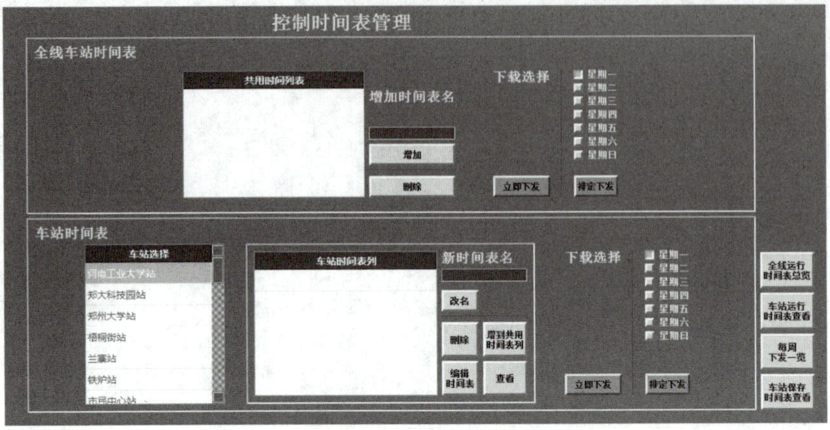

图 7-28　时间表控制

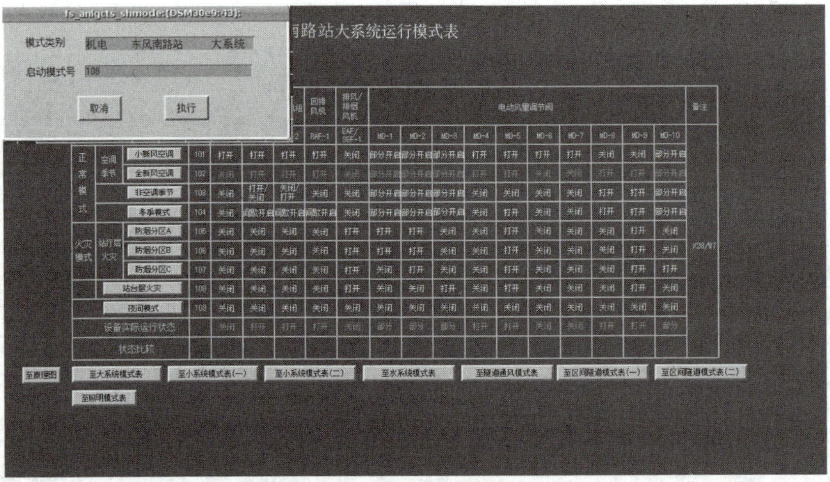

图 7-29　模式控制界面

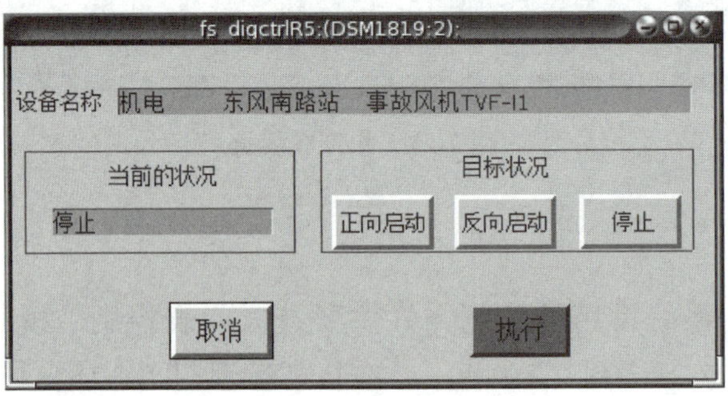

图 7-30　单点控制界面

任务三　综合监控系统与综合后备盘的运用

任务引入

2023 年 12 月 28 日开通运营的郑许线连接郑州和许昌，是中原地区首条跨市域城市轨道交通线路。该线路中的车站控制室采用了综合后备盘集约化技术，并优化了综合监控系统，提高了车站的运营效率。

为优化工作流程，提高运维管理水平，郑许线车站控制室的综合后备盘由盘面后方检修调整为盘面前方检修，盘面由 4.4 m 宽的曲面型调整为 2.2 m 宽的平面型。调整后的综合后备盘不仅能够有效提高车站的运营效率，也便于后期检修维护。同时设备占地面积由 11.5 m^2 减少至 2 m^2，使车站控制室的空间利用率和美观度大大提高。

（资料来源：王晓欣，《郑州地铁车站“神经中枢”迭代史》，澎湃新闻，2023 年 12 月 25 日）

思考：

（1）综合监控系统由哪些部分构成？

（2）综合监控系统的管理结构是怎样的？

（3）什么是综合后备盘？

（4）如何操作综合后备盘？

任务工单

任务名称：＿＿＿＿＿＿　班　级：＿＿＿＿＿＿　学　时：＿＿＿＿＿＿

姓　名：＿＿＿＿＿＿　学　号：＿＿＿＿＿＿　实训场地：＿＿＿＿＿＿

任务描述：

全班学生分组讨论、分析任务引入中提出的问题，达成一致意见后，以小组为单位在课堂上汇报讨论结果与任务实施过程。

任务目的：

（1）了解综合监控系统的构成和管理结构。

（2）了解综合后备盘的概念与操作。

一、知识储备

阅读任务引入中的案例，思考任务引入中提出的问题，带着问题学习相关知识，并完成以下练习题。

1. 填空题

（1）综合监控系统由____________________、车站级综合监控系统、____________________构成。

（2）综合监控系统采用__________、三级控制方式，其中三级控制是指________控制、________控制和________控制。

（3）______________一般设置在控制中心或车站综合控制室内，在综合监控系统出现故障时，对车站进行应急管理。

2. 判断题

（1）【竞赛题】综合监控系统的英文缩写为 IBP。（　　）

（2）综合监控系统面向的对象包括电力调度员、环控调度员、行车调度员、维修调度员等。（　　）

（3）中央级综合监控系统的电调工作站主要用于监视全线主要机电设备的故障状态，不具有控制权。（　　）

（4）综合后备盘的部分盘面设有“有效/无效”或“自动/IBP 盘手动”开关，将开关旋转至“无效”位时，才能操作“试灯”按钮；将开关旋转至“有效”位或“IBP 盘手动”位时，才能操作其他按钮。（　　）

3. 简答题

（1）简述中央级综合监控系统的运营体系。

（2）简述车站级综合监控系统的巡检内容。

二、任务分工

全班学生自由分组，每组 3～5 人，从中选出一名组长，由组长负责任务分工、过程记录、结果整理等工作。组长将小组成员的姓名与任务分工情况填入表 7-7 中。

表 7-7　小组成员的姓名与任务分工情况

成员姓名		任务分工
组长		
组员		

三、任务实施

（1）以小组为单位，根据任务引入、任务描述和本任务所学知识分析表 7-8 中的问题，达成一致意见后，各小组成员填写该表。

表 7-8　需要分析的问题与填写的答案

需要分析的问题	填写的答案
综合监控系统由哪些部分构成？	
综合监控系统的管理结构是怎样的？	
什么是综合后备盘？	
如何操作综合后备盘？	
补充与修改：	

（2）各小组派出代表在课堂上汇报自己小组的讨论结果与任务实施过程，并解答其他小组成员提出的问题。教师对各小组的汇报情况进行点评。

（3）小组成员结合教师的点评和其他小组的汇报内容，对自己填写的答案进行必要的补充与修改。

四、任务评价

教师抽查各小组中任意一名成员的任务工单，然后根据各小组的汇报情况、任务工单的抽查结果和表 7-9，对各小组进行打分。学生根据自己所在小组的得分

和自己在任务实施过程中的表现进行自我评价。

表 7-9　任务评价表

评价内容	分值	教师评分	自我评价
分工明确，任务完成度高	25		
任务工单填写认真，字迹工整，答案正确	25		
汇报流畅，语言清晰，举止大方	25		
能够正确解答其他小组成员提出的问题	25		
合计	100		

相关知识

一、综合监控系统

综合监控系统（integrated supervisory control system, ISCS）是基于大型的监控软件平台，通过专用的接口设备与若干子系统接口，将分散、孤立的自动化系统以集成和互联的方式，形成统一的监控层硬件平台和软件平台，从而实现在同一监控工作站上对各自动化系统与设备进行监控和管理的集成系统。

当中央级和车站级环境与设备监控系统被综合监控系统集成时，中央级硬件设备、车站级硬件设备和综合后备盘由综合监控系统控制。综合监控系统具有对重要控制对象进行远程手动控制的功能，其集成范围包括电力监控系统（PSCADA）、环境与设备监控系统、火灾自动报警系统、列车故障监控系统（TFDS）、站台屏蔽门系统、防淹门系统（FG）、感温光纤探测系统（DTS），互联范围包括闭路电视监控系统（CCTV）、广播系统、调度电话、乘客信息系统、自动售检票系统、门禁系统（ACS）、时钟系统（CLK）、信号系统等。

综合监控系统解决了城市轨道交通中各系统之间的信息互通、资源共享等问题，有利于提高各系统间的协调能力，实现各系统间的高效联动，进而提高城市轨道交通运营服务质量和服务水平，增强城市轨道交通系统对灾害事故的预防与处理能力。

（一）综合监控系统的构成

综合监控系统由中央级综合监控系统、车站级综合监控系统、数据传输骨干网构成。

中央级综合监控系统通常由实时服务器、历史服务器、数据存储设备、各种工作站、综合显示屏、通信处理机、网络交换机、大屏幕显示系统、不间断电源等构成。实时服务器、历史服务器、通信处理机和网络交换机采用冗余配置。

车站级综合监控系统通常由服务器、工作站、通信处理机、网络设备、不间断电源、综合后备盘等构成。服务器、通信处理机、网络设备采用冗余配置。

数据传输骨干网是指连接综合监控系统中的中央级监控网和车站级监控网的网络。

（二）综合监控系统的管理结构

综合监控系统采用两级管理、三级控制方式。其中，两级管理是指中央级管理和车站级管理，三级控制是指中央级控制、车站级控制和现场级控制，如图 7-31 所示。

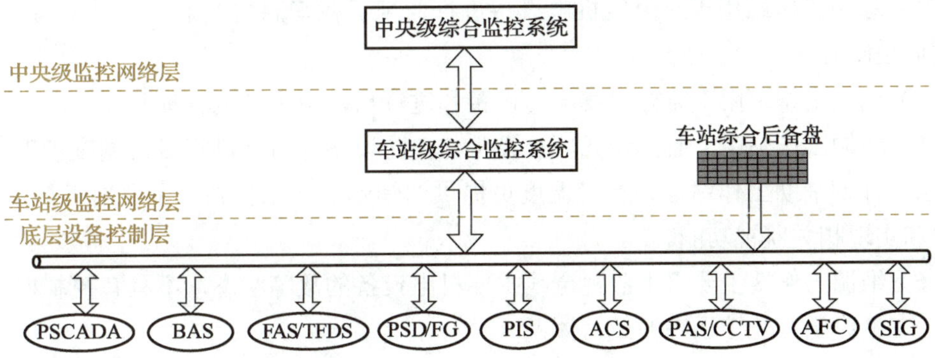

图 7-31 综合监控系统管理结构示意图

1. 两级管理

控制中心的工作人员通过中央级综合监控系统对全线的环境、设备、客流等情况进行监视和管理，车站控制室的工作人员通过车站级综合监控系统对本站的环境、设备、客流等情况进行监视和管理。

除电力系统和隧道通风系统由中央级综合监控系统进行管理，车站其他系统与设备的管理通常由车站级综合监控系统独立完成，由中央级综合监控系统实时监视。但是在特殊情况下，车站级综合监控系统也可以通过向中央级综合监控系统授权，实现控制中心对车站相关系统与设备的临时管理。

2. 三级控制

中央级综合监控系统可对全线各系统与设备进行调控，车站级综合监控系统可对本站的各系统与设备进行调控。此外，在设备调试阶段或当综合监控系统出现故障时，车站控制室的工作人员可通过操作综合后备盘进行应急控制，或通过操作现场控制器直接控制设备的运行状态。

一般情况下，综合监控系统的控制优先级由低到高依次为中央级、车站级和现场级，但是也可视具体情况，利用“远程”和“现场”转换开关调整综合监控系统的控制优先级。

（三）综合监控系统的运营体系

拥有不同操作权限的工作人员可以登录自己的账号，激活相应的操作界面，利用综合监控系统完成相关监视、控制作业。可操作综合监控系统的工作人员主要有控制中心工作人员和车站控制室工作人员。

1. 中央级综合监控系统的运营体系

中央级综合监控系统设有总调工作站、电调工作站、环调工作站、行调辅助工作站、维调工作站，分别为调度长、电力调度员、环控调度员、行车调度员、维修调度员提供监控服务。

（1）总调工作站用于对全线机电设备进行监视，在紧急情况下，可对车站相关设备进行临时控制。

（2）电调工作站用于监控全线电力设备和进行日常电力调度管理。

（3）环调工作站用于监控全线环控设备与消防设备并对其进行日常调度管理。

（4）行调辅助工作站是为行车调度员提供的辅助操作工作站，主要用于显示供电分区情况和实现相关监视功能。

（5）维调工作站主要用于监视全线主要机电设备的故障状态，不具有控制权。

2. 车站级综合监控系统的运营体系

车站中一般设有两套机电值班员工作站，分别供值班站长和车站机电值班员使用；变电所中一般设有一套工作站，供车站机电值班员使用。车站机电值班员的工作地点和主要职责如表 7-10 所示。

表 7-10　车站机电值班员的工作地点和主要职责

工作地点	主要职责
车站控制室、综合监控系统工作站	（1）监视车站管辖范围内的环境、灾害、客流、供电、设备运行等情况 （2）使用单点控制或模式控制方式管理车站机电设备
变电所	（1）监视变电所内供电设备的工作状态 （2）操作并控制变电所内的供电设备，允许单点控制或顺序控制 （3）按照检修计划操作供电所内的供电设备

（四）综合监控系统信息交互方式

中央级综合监控系统与车站级综合监控系统之间主要有两种信息交互方式：① 车站

服务器与中央服务器之间通过网络实现信息交互；② 车站前端处理器作为车站的信息接入层，在向车站级综合监控系统发送信息的同时，向中央级综合监控系统转发该信息。

上述两种信息交互方式均可保证车站级综合监控系统的独立性。采用第一种方式有利于降低故障率，采用第二种方式有利于中央级综合监控系统对数据进行集中管理。

（五）综合监控系统的巡检

车站级综合监控工作站设置在车站控制室内，是车站级综合监控系统的主要监控设备。工作人员应按规定对车站级综合监控工作站进行巡检，巡检内容主要包括：

（1）检查主机、显示器、键盘、鼠标等的外观与功能。

（2）检查操作系统和应用软件的运行状况。

（3）校对时钟系统。

（4）查询检修周期内的车站网管系统事件、告警信号等。

（5）测试车站主体设备的通信状态。

（6）测试与火灾自动报警系统、电力系统、通信系统等的连接状态。

（7）检查车站级环境与设备监控系统传感器的状态。

二、综合后备盘

（一）什么是综合后备盘

综合后备盘是指在紧急情况下，仍可对不同系统中的重要监控对象进行手动操作并显示其功能的装置。综合后备盘由 IBP 面板、可编程逻辑控制器（PLC）、人机界面终端、监控工作台构成。综合后备盘一般设置在控制中心或车站综合控制室内，在综合监控系统出现故障时，对车站进行应急管理。图 7-32 所示为某地铁站的综合后备盘。

图 7-32　某地铁站的综合后备盘

（二）综合后备盘的操作

1．基本操作

综合后备盘的部分盘面设有“有效/无效”或“自动/IBP 盘手动”开关，将开关旋转至“无效”位时，才能操作“试灯”按钮；将开关旋转至“有效”位或“IBP 盘手动”位时，才能操作其他按钮。

在紧急情况下，工作人员通过操控综合后备盘上的按钮，可对车站信号、站台屏蔽门、自动扶梯、环境与设备监控系统、消防系统、门禁、自动检票机等进行紧急控制。例如，在发生火灾时，工作人员应将环境与设备监控盘面上的开关旋转至“有效”位，然后操作盘面上的相关按键，打开火灾模式、隧道通风模式，并根据实际情况操作消防控制盘面上的紧急按钮来控制风机的启动和停止。

指点迷津

需要注意的是，综合后备盘对环境与设备监控系统的监控与操作功能不全面，待环境与设备监控系统的功能恢复后，应及时切换到环境与设备监控系统的监控模式下。

2．故障检查操作

综合后备盘的部分盘面设有“试灯”按钮。当系统出现故障（如盘面指示灯的指示状态与现场设备的状态不一致）时，可按下“试灯”按钮，对盘面指示灯或蜂鸣器进行测试，以确定是综合后备盘内部出现故障还是外部系统出现故障。

（三）综合后备盘巡检

综合后备盘巡检的内容主要包括检查各盘面的指示灯，对指示灯、蜂鸣器进行测试等。

素养提升馆

环控检修人员用汗水守护车站清凉

2023 年 7 月 11 日 9:00，在武汉地铁 7 号线螃蟹岬站外，7 号线环控工班工班长高某和检修技术人员张某顶着烈日、身着长衣长裤、紧扎袖口、头戴安全帽、身系安全带，爬至约 6 m 高的冷却塔塔顶开始月度检修工作。

高某介绍说，环控检修人员一般会在早高峰结束（时间一般为 9:00）后开始空调检修工作，并且要在 10:30 之前完成检修工作，确保车站内冷风效果不受影响。上午虽然不是一天中最热的时段，但是三伏天光照很强，加之冷却塔是车站热量的“搬运工”，塔顶非常闷热。高某和张某头顶烈日的炙烤，脚下的空调机组在散热，他们就是在这种“上烤下烘”的环境中工作的。

根据月度检修计划，高某站在塔顶，用手拨动 1 m 长的冷却塔叶片，检查是否有异响现象；掀起布水槽盖板，检查水位是否合理、水流是否正常……半小时后，他们回到地面，在冷却塔四周转了一圈，清理用于强化散热的填料上的水垢。

除月度检修外，在空调开启时段，环控检修人员会每天对空调系统进行巡视检查、每周测试站内的温度、每月对空调设备进行一次深度保养；在每年 4 月份空调换季检修时，会对制冷系统进行一次全面的检修保养；每年 10 月份还要对空调系统再进行一次换季检修。“车站空调检修具有工作环境差、工作流程多、安全要求严格、作业标准要求高等特点，我们只有认真对待、一丝不苟，才能守护好地铁站内的那份‘清凉’。”一位在一线工作了十几年的环控检修人员说。

（资料来源：李丹、产启斗，《武汉地铁“空调医生”用汗水守护车站清凉》，中国新闻网，2023 年 7 月 11 日）

学习成果评价

请进行项目评价，并将评价结果填入表 7-11 中。

表 7-11　项目评价表

班级		组号		日期	
姓名		学号		指导教师	
项目名称	车站暖通空调系统、环控系统及其他系统				
评价项目	评价内容		分值	自我评分	教师评分
理论知识（40%）	车站暖通空调系统的功能和控制方式		5		
	车站暖通空调系统的构成、主要设备及设备巡检		10		
	环境与设备监控系统的监控内容和主要设备		5		
	环境与设备监控系统的功能、运行模式和基本操作		10		
	综合监控系统与综合后备盘的运用		10		
实践技能（40%）	能够操作车站暖通空调系统，并对其进行巡检		15		
	能够操作环境与设备监控系统		15		
	能够完成综合后备盘的基本操作与故障检查		10		
综合素养（20%）	具有良好的学习态度		6		
	具有认真负责、迎难而上的工作态度		7		
	具有节能环保意识		7		
合计			100		
总分（自我评分×40%+教师评分×60%）					
自我评价					
教师评价					

参考文献

［1］齐群，史陆星，贺文锦．城轨交通车站机电设备运行与维护［M］．成都：电子科技大学出版社，2019．

［2］魏宝举，郜娜．城市轨道交通电梯系统运行与维护［M］．北京：人民交通出版社股份有限公司，2021．

［3］齐群，宁善平．城市轨道交通暖通空调与给排水系统［M］．北京：人民交通出版社股份有限公司，2021．

［4］陈如柏，李捷，李李．城市轨道交通自动售检票系统及票务处理［M］．北京：北京交通大学出版社，2021．

［5］文晓娟，李孝普．城市轨道交通低压配电技术［M］．成都：西南交通大学出版社，2021．

［6］张新宇．城市轨道交通车站机电设备［M］．2版．北京：人民交通出版社股份有限公司，2022．

［7］杨桐．城市轨道交通机电设备运行与维护［M］．北京：机械工业出版社，2022．

［8］林瑜筠，刘妮娜．城市轨道交通机电设备［M］．北京：中国铁道出版社有限公司，2022．

［9］陈光伟，王丽平．城市轨道交通站台门系统及检修技术［M］．西安：西安交通大学出版社，2022．